We are proud to be Sensibelchen●

Maria Anna Schwarzberg

»Vulnerability is not winning or losing;
it's having the courage
to show up and be seen
when we have no control
over the outcome.

Vulnerability is not weakness;
it's our greatest measure of courage.«

— Brené Brown

Inhalt

Hi, und schön, dass ...

du dieses Buch in den Händen hältst. Es ist ein Geschenk für dich, eine Botschaft an die Welt. Okay, übertreiben wir nicht ganz so sehr: eine Botschaft an die Gesellschaft, in der wir im Spätkapitalismus höher, schneller und weiter mit den Werten Erfolg, Erfolg und Erfolg leben. Und es ist ein Beweis, dass nachhaltige, faire, soziale Projekte realisierbar sind.

Kurzum, du tust mit dem Buch dir und der Welt etwas Gutes. Aber um mit all dem Besseren für die Welt weitermachen zu können, zählst erst einmal du mit deiner mentalen Gesundheit. Ich glaube, das Leben ist manchmal, wie die Steward*essen im Flugzeug sagen: Man muss sich erst selbst und dann Mitreisenden die Sauerstoffmaske aufsetzen. Damit du dabei nicht so allein bist, haben wir dieses Buch von Sensibelchen für Sensibelchen geschaffen.

Wir, das bin ich, Maria Anna Schwarzberg, Herausgeberin dieses Buches, sonst Autorin und das Gesicht hinter »Proud to be Sensibelchen«, dem Podcast für die sensiblen Menschen unter uns, und zehn Autor*innen, die genauso sensibel und doch ganz anders sind. Wir haben mutig und die eigene Scham über Bord werfend unsere Geschichten zusammengetragen, um zu zeigen, dass Sensibilität vielfältig ist, dass wir anders sind, aber nicht allein und dass wir diese sensitive Seite als etwas Positives verstanden und damit unser Denken und Handeln, letztendlich unser Leben verändert haben.

Heute hilft das nicht nur uns, sondern auch anderen. So wie vielleicht dir. Aber keine Sorge, das hier ist nicht der nächste »Wenn du das geschafft hast, dann bist du glücklich«-Ratgeber – auch wir sind bereits auf viel zu viele davon reingefallen. Wir fänden es einfach gut, wenn du bist. Nicht glücklich, nicht sensibel; allein das Sein kann nämlich schon ganz schön anstrengend werden. Wir kennen das und auch das Gefühl, sich selbst nicht mehr zu erkennen.

Vielleicht aber erkennst du dich ja in unseren Geschichten wieder, den Rest kannst du einfach für die Nächsten liegen lassen.

Sensibilität
Vorhang auf

Sensibilität

»We are proud to be Sensibelchen« haben wir fett auf das Buch gedruckt und einen noch dickeren Punkt dahinter gesetzt, um deutlich zu machen, dass wir sensibel sind – und stolz darauf. Aber was ist ein Sensibelchen? Individuell für sich kann jeder von uns, bestimmt auch du, die Frage beantworten. Aber wie macht man das messbar, greifbar, verständlich?

Das hat sich vor einigen Jahrzehnten auch die Psychologin Elaine Aron gefragt, als sie nach einem medizinischen Eingriff stark mitgenommen war und psychologische Hilfe in Anspruch nahm. Statt einer von Aron erwarteten psychologischen Auffälligkeit konnte die Therapeutin aber nur feststellen, dass ihre Patientin hochsensibel war. Gemeinsam mit ihrem Mann Arthur, von Beruf ebenfalls Psychologe, begann Aron, ihr Forschungsfeld auf dem Gebiet der Psychologie der Liebe und enger Bindungen um angeborene Hochsensibilität zu erweitern. Bis heute gilt sie als Pionierin in diesem Bereich, ihr Buch »The Highly Sensitive Person. How To Thrive When The World Overwhelms you« wurde in mehr als 70 Sprachen übersetzt und ist die Fibel der Hochsensibilität geworden.

Mit diesem Buch hat Aron Hochsensibilität messbar und greifbar gemacht und ihre Forschungsergebnisse, vor allem mittels funktioneller Magnetresonanztomographie, wissenschaftlich und psychotherapeutisch belegt. Die Forschung steckt mehr als 25 Jahre nach den Anfängen noch in den Kinderschuhen, was vielleicht auch daran liegt, dass Hochsensibilität keine Krankheit ist, sondern ein Persönlichkeitsmerkmal, eben eine Seite von uns. Fest steht, dass unsere Gene uns hochsensibel machen und dass das Gehirn hochsensibler Menschen etwas anders funktioniert. Der Serotoninhaushalt ist ähnlich wie bei depressiven Menschen gestört, aber in einem geringeren Maß, sodass Menschen mit dem Merkmal der Hochsensibilität anfälliger für Stress sind, für Melancholie und die Wahrnehmung der eigenen Verletzlichkeit. Hier entscheidet aber auch unsere Prägung zu einem großen Anteil mit, ob wir zu Niedergeschlagenheit neigen oder durch eine behütete und erfüllte Kindheit und Jugend verstärkt auf positive Emotionen reagieren. Unabhängig davon ist es so, dass in Gehirnen von hochsensiblen Menschen die Sinnesschranken offener sind, wodurch sie Erlebtes detailreicher und intensiver wahrnehmen, das Wahrgenommene stärker verarbeiten und das Erlebte umfänglich und langfristig abspeichern, sodass sie es auch nach sehr langer Zeit noch genau abrufen können.

Emotionales bleibt damit auch lange im Kopf, was vor allem mit der psychosozialen Feinwahrnehmung von Hochsensiblen zusammenhängt. Aufgrund ihrer hohen Auffassungsgabe bemerken sie auch kleine Veränderungen in Mimik, Gestik und Tonalität, die Gefühle von Menschen scheinen greifbar. Wer andere stärker wahrnimmt, ist durch ihre Stimmung auch stärker beeinflussbar, was nicht nur leidenschaftliche Begeisterung und vielseitige Interessen, sondern auch eine sehr kritische Auseinandersetzung mit sich selbst und einen Hang zur Perfektion mit sich bringt. Hochsensiblen passiert es häufiger, dass sie den Kontakt zu sich und ihren Gefühlen in einer lauten und schnellen Welt verlieren. Viele hochsensible Menschen berichten von Empfindlichkeiten gegenüber Schmerz, Alkohol und Koffein, einige auch gegenüber Zucker oder ähnlichen Stimuli. Auch Musik wird als stark gefühlsauslösend genannt. Hochsensible sind aber nicht nur emotional, sondern oft rational, denken mit all dem, was aufgenommen, verarbeitet und abgespeichert wurde, nicht nur intuitiv aus dem Bauch heraus, sondern auch in größeren Zusammenhängen und quer statt nur in Bahnen, die schon vorhanden sind.

Wer ständig so viel sieht, hört, fühlt, riecht und schmeckt, ist natürlich auch irgendwann satt von all den Eindrücken und Einflüssen. Menschen, die nicht um ihre Hochsensibilität wissen, vergessen sich in diesem Punkt oft und versuchen anderen, die weniger sensibel auf ihre Umwelt reagieren, nachzueifern. Schließlich fühlen sie sich ja sowieso schon anders, und anders, das lehrt uns auch die Gesellschaft, die bereits in der Schule mit Gleichschaltung durch Benotung beginnt und über Medien nur eines von vielen Schönheitsidealen verkauft, weil es sich eben so am besten verdienen lässt, ist falsch. Um dazuzugehören, werden die eigenen Grenzen überschritten, Bedürfnisse vernachlässigt und der Kontakt mit sich selbst hintangestellt. Für Hochsensible ist das Erfahren ihrer Hochsensibilität sowie das Bewusstsein dafür, dass das keine

Krankheit ist und dass nach Schätzungen von Elaine Aron ungefähr 20 Prozent aller Menschen hochsensibel sind, ein großer Aha-Effekt. Endlich nicht mehr allein! Endlich nicht mehr ganz so anders!

Hochsensibilität ist ein Wort, welches ich dennoch ungern nutze. Viel lieber spreche und schreibe ich von Sensibilität, die nach meinem Empfinden so viel mehr ein- und weniger ausschließt. Durch den Zusatz *hoch* wird eine Sonderstellung, eine spezielle Gruppe geschaffen, zu der andere keinen Zutritt haben. Dabei kommt Sensibilität in so vielen Facetten daher. Nicht alle sensiblen Menschen tragen die gleichen Merkmale, aber ihre Fühligkeit eint sie. Ob sie nun besonders stark, durchschnittlich oder weniger ausgeprägt ist, spielt dabei für mich keine Rolle, genauso wenig, ob Sensible denn nun Team Intro oder Extro sind (circa 70 Prozent aller Hochsensiblen sind introvertiert, 30 Prozent extrovertiert). Es geht um Emotionen und Gefühle und darum, diese anzunehmen, achtsam mit sich zu sein, eben nicht für andere über Grenzen zu gehen und sich die möglicherweise höheren Bedürfnisse für sich selbst nicht nur zu erlauben, sondern sie wohlwollend und liebevoll zu erfüllen. Sich selbst zu pampern.

Vorhang auf

Wer sind also die Sensiblen in diesem Buch? Zehn von ihnen und meine Wenigkeit haben sich zusammengetan, weil wir uns selbst ein wenig oder etwas mehr verloren haben. Vom Weg zurück zu dem, was uns aus- und glücklich macht, erzählen wir in »We are proud to be Sensibelchen«. Wir wollen zeigen, dass Sensibilität genauso positiv und negativ wie all die anderen Dinge auf dieser Welt ist und dass wir mit dieser bejahenden Einstellung zu einem sonst eher belächelten Charakterzug uns und anderen Gutes tun.

Mit dabei sind Anika Landsteiner, Bianca Jankovska, Carina Stöwe, Jan Lenarz, Joana Heinen, Kea von Garnier, Maria Christina Gabriel, Melina Royer, Ninia LaGrande und Sophia Fritz. In unseren Geschichten geht es um uns, ein bisschen aber bestimmt auch um dich und um so viele andere mehr, die genauso wenig von ihrer Sensibilität wissen oder wussten, gerade erst davon erfahren haben, erfahren werden oder schon alte Hasen sind, wenn es um

Gefühle geht. Denn, und das ist ja das Spannende, Sensibilität ist natürlich nichts Neues, nur weil sie jetzt einen Namen hat, mit dem man sich leichter identifizieren kann – und das brauchen wir Menschen ja irgendwie, das Gefühl, nicht allein mit dem Zeug in unserem Kopf zu sein. In Beratungs- und philosophischen Tätigkeiten waren wir Sensiblen früher übrigens schon gern gesehen. Eben weil wir mehr wahrnehmen, überdenken und die Vergangenheit vorausschauender in die Zukunft übertragen können. Auf diese Stärken und all die anderen, die Sensibilität mit sich bringt, aufmerksam zu machen, liegt heute auch an uns. Es liegt an uns, den Blick auf dieses Persönlichkeitsmerkmal, auf Gefühle und das Ausleben dieser und sich selbst zu verändern. Gemeinsam können wir das besser als jeder allein.

So kam es auch zu der Idee, »We are proud to be Sensibelchen« zu veröffentlichen. Um es mit Albus Dumbledores Worten auszudrücken: »Mit Verlaub gesagt, das war eine meiner besseren Ideen.« In den Kopf kam sie mir Anfang 2018, als ich in meiner beruflichen Auszeit am Strand saß und zum allerersten Mal so viel Zeit für mich hatte, ohne erkrankt und deshalb ohne Aufgabe zu sein. Und wie das so ist, wenn man nicht nachdenken muss und gerade andere schöne Dinge tut: Das Gehirn verarbeitet, baut neue Synapsenbrücken auf und, plopp, ist ein neuer Gedanke da. Alles in allem muss es ein Anstoß durch das Konzept zu meinem Buch für den Rowohlt-Verlag, »101 Good Night Storys For Rebel Girls«, erfolgreiche Crowdfunding-Projekte und die Fragen nach dem, was ich eigentlich wirklich tun möchte, womit ich wirklich meine Lebenszeit füllen will, was ich schaffen und wofür ich stehen möchte, gewesen sein. Aber plötzlich war der Gedanke da, wie toll es wäre, ein Buch zu schaffen, in dem sensible Menschen ihre Geschichten erzählen und damit für mehr Vielfalt, Mut und Fühlen einstehen, sodass anderen sensiblen Menschen auch Mut gemacht wird, sodass sie ihre Geschichten, wenn auch nur sich selbst, ebenfalls erzählen möchten. »Stell dir mal vor, wir könnten so Menschen wirklich Kraft geben, mehr für sich einzustehen, sich vielleicht ein Stück mehr zu mögen. Wie toll wäre das denn?«, sagte ich damals zu Teresa, meiner zukünftigen Projektassistentin.

Ich ließ den Gedanken ruhen, um zu überprüfen, ob er bleibt, ob er keine flirrende, sondern eine feste Idee wird. Wurde er. Im Juni 2018 begann ich dann die ersten Vorbereitungen zu treffen: Ich fragte meine Wunsch-autor*innen, ob sie dabei wären. Waren sie. Ich fragte meine Wunschassistentin, ob sie Kapazitäten für dieses Projekt hat. Hatte sie. Ich fragte bei dem Videograph an, von dem ich wusste, dass er genau das einfangen kann, was wir für ein Crowdfunding-Projekt brauchten. Er sagte zu. Ich sprach mit der Grafikerin, die dieses gute Bauchgefühl auslöst, ob auch sie dabei wäre. War sie. Mitgebracht hat sie gleich noch die Lektorin, die auch noch auf der Personalliste stand. Wo bekommt man so jemanden Gutes auch her? Hier.

Fertig war das Team von »We are proud to be Sensibelchen«, das sich in den kommenden Monaten mit Idee, Texten, Designs, Mails, vielen Mails, Meetings, Konzepten, Papieren, Videodrehs, Ängsten, Fotos, Sorgen, Crowdfunding, Richtlinien, Preisen, Druckereien, Panik, Vorfreude, Stiften, Mails, Tee und Wein beschäftigte. Manchmal war ich ganz emotional und bin fast geschwebt beim Gedanken an das Projekt. Immer wenn der Gedanke dann beim Crowdfunding ankam, entschied ich mich für rationales Denken, um nicht in wöchentlichen Panikattacken rein gar nichts mehr zu schaffen. Mit viel Planungs- und Umsetzungszeit wollte ich zeigen, dass es möglich ist, ein gutes Projekt mit Mehrwert umzusetzen, ohne Mensch oder Umwelt zu verbrennen, wie es viel zu oft der Fall und ja eigentlich Normalzustand geworden ist. Mit dem Crowdfunding wollte ich zeigen, dass das Internet ein Ort ist, an dem Menschen sehr wohl für andere zu Unterstützern werden können.

Es macht mich stolz und dankbar, dass dieser Plan aufgegangen ist. In deinen Händen hältst du dieses gemeinschaftlich finanzierte und erschaffene Buch, das umweltfreundlich gedruckt und versandt wird, zertifiziert mit dem Umweltzeichen »Blauer Engel«, und mit dem du nicht nur dir, sondern auch der Umwelt etwas Gutes tust. »We are proud to be Sensibelchen« steht für ein sozial relevantes Thema und möchte noch mehr leisten, weshalb zehn Prozent der Einnahmen an Bildungs- und Umweltprojekte gespendet werden. Wir danken dir an dieser Stelle dafür, dass du mit dem Kauf des Buches dazu beiträgst. Faire Bezahlung und Arbeitsbedingungen kommen bei Projekten für eine gute und grüne Welt häufig zu kurz, nicht aber bei uns: Alle Autor*innen sind an den Einnahmen beteiligt, alle anderen Mitwirkenden wurden nach ihren Wunschgehältern bezahlt, während sie ihre Arbeit von dem Ort und in der Zeit ihrer Wahl erledigen konnten.

Vorhang auf für unsere elf Geschichten von Sensibilität.

»Softness is not weakness.
It takes courage to stay delicate
in a world this cruel.«

— Beau Taplin

Anika Landsteiner
Bianca Jankovska
Carina Stöwe
Jan Lenarz
Joana Heinen
Kea von Garnier
Maria Christina Gabriel
Melina Royer
Ninia LaGrande
Sophia Fritz
Maria Anna Schwarzberg

Anika Landsteiner

»Vergleichen – das ist kein Antrieb des eigenen Motors, sondern ein Schaden im Getriebe.«

Wusstest du schon?

- Schreibt am liebsten über innere und äußere Reisen, die oftmals Hand in Hand gehen.
- Hat ihren Debütroman »Mein italienischer Vater« nach Apulien verlegt, um (das ungeschriebene Gesetz) *Pasta, Pizza und Amore* zu leben.
- Macht die Nacht nie zum Tag und hat trotzdem immer Rotwein im Haus.

Was bleibt

»Herzlich willkommen an der Schauspielschule. Sie alle haben die Aufnahmeprüfung bestanden, aber längst nicht alle von Ihnen werden ihren Abschluss hier machen. Und wiederum nicht alle, die ihn tatsächlich machen, werden in diesem Beruf Fuß fassen. Um ehrlich zu sein, die wenigsten.«

Die Schauspielschule war hart. Körperlich anstrengend und emotional herausfordernd. Dort lernte ich zwei Gruppen von Menschen kennen. Diejenigen, die das Spotlight lieben, die nicht davor flüchten und sich auch dann, wenn die Lichter der Bühne längst erloschen sind, noch gerne in der Erinnerung daran baden. Sie sind dazu geboren, im Mittelpunkt zu stehen – auch privat –, weil sie sich durch diese Extrovertiertheit nähren. Daraus erhalten sie ihre Kraft. Und dann gibt es diejenigen, die sich erst an das Rampenlicht gewöhnen müssen. Die privat darauf verzichten können und gerne mal in der Masse verschwinden. Sie benötigen den Rückzug, um Kraft zu sammeln. Ich gehöre dieser Gruppe an.

Ich mochte das Rampenlicht schon immer, aber so sehr ich davon fasziniert war, so sehr fürchtete und versteckte ich mich oftmals davor. Ich kann mich noch gut daran erinnern, als wir in einem Kurs die Aufgabe gestellt bekamen, auf der Bühne vor allen anderen etwas zu tun, womit wir im Alltag sofort aufhören würden, wären wir plötzlich nicht mehr alleine. Weil ich mich nicht nackt ausziehen oder die Aufgabe, wie die meisten Männer es taten, sexuell interpretieren wollte, las ich laut die schmalzigsten Liebesbriefe und Gedichte vor, die ich im Alter von zwölf bis vierzehn verfasst hatte. Und schämte mich, für alle anderen gleich mit.

Ich mochte am Spielen, mich verwundbar zu machen, meinen Körper kennenzulernen, ihn als Instrument zu nutzen. Ich mochte es, auf der Bühne zu raufen, zu schreien, zu weinen oder so lange die Stille im ganzen Raum zu halten, wie die Rolle, in der ich steckte, sie fühlte. Doch die persönliche Bewertung nach Aufführungen, das direkte Vergleichen mit Freund*innen, die permanente Emotionalität in den Kursen – das alles nagte immer sehr an mir.

Wenn ich mich jetzt, elf Jahre nach dem Beginn meiner Ausbildung zur Bühnendarstellerin, daran zurückerinnere, macht es für meinen heutigen Beruf so viel Sinn, dass ich damals nicht nur mich selbst kennenlernte, sondern auch andere sehen, verstehen und schließlich spielen durfte.

Mein Name ist Anika Landsteiner, ich bin 31 Jahre alt und hauptberuflich als Autorin tätig. Ich sage bewusst nicht, dass ich als Schriftstellerin *arbeite*, denn mit diesem Wort verbinde ich Mühe und etwas tun zu müssen, und diese Empfindungen haben wiederum gar nichts mit meinem Schaffen zu tun, denn: Ich liebe das Schreiben. Ich liebe es so sehr, dass ich gar nicht wüsste, was ich tun sollte, würde es mir plötzlich genommen werden. Welcher Mensch übrig bleiben würde. Eine Schaffenskrise, ein Blackout, eine Schreibblockade bis an mein Lebensende? Manchmal stelle ich mir vor, wie das wäre. Doch diese Nebeneffekte von Kreativität treten glücklicherweise immer nur kurzzeitig auf. Also, was ich damit sagen möchte, ist: Ich schreibe hauptberuflich. Auch nebenberuflich und auch hobbymäßig und schon seit immer. Ich schreibe im Urlaub, ich schreibe, wenn ich eine Deadline habe oder keine, ich schreibe auch im Traum. Und ich kann für mich sagen, dass das sehr gesund ist, denn wer schreibt, schreibt sich die Seele heraus und breitet sie vor sich aus auf dem Tisch. Das macht es möglich, sie kennenzulernen, schließlich lieben zu lernen, und damit ganz automatisch sich selbst.

Das Schreiben war schon immer Teil meines Lebens, genauso jedoch das Spielen, um den Kreis zum Anfang dieses Textes zu schließen. Kurzum gesagt war ich schon immer ein kreativer Mensch. Ich liebe es, mich auszudrücken, und freue mich für jeden, der so ein Ventil findet, egal in welcher Form. Von außen betrachtet möchte man also bei meinen Berufsbildern meinen, ich sei zwar vielleicht ein gefühliger und sensibler, jedoch definitiv extrovertierter Mensch. So schnell bin ich bei den Vorurteilen angelangt, die mein früherer Beruf mit sich bringt. Die meisten Menschen denken, um Schauspieler zu sein, müsse man *rausgehen*, erst aus dem Haus und dann aus sich selbst und dann schnell rauf auf die Bretter, die die Welt bedeuten. Sicherlich ist da etwas dran, denn Künstler wollen sich immer zeigen, auf irgendeine Weise. Doch um ein guter Schauspieler zu sein, muss man vor allem Mut haben, den Blick nach innen zu wenden, und das ist eine ziemlich stille Angelegenheit. Sich selbst zuzuhören, um dann diese Stimme in anderen Charakteren wiederzufinden. In den Klatschzeitungen landen oftmals diejenigen, die öffentlich auffallen, doch diese andere Gruppe, diejenigen, die sich gerne zurückziehen, die gerne für sich sind und die wahnsinnig viel Ruhe brauchen (hallo!), werden außen vor gelassen. Gott sei Dank! Aber genau das schärft natürlich das Bild der extrovertierten Schauspieler nach außen. Und von denen gibt's sowieso schon genügend.

Ich dachte lange Zeit, ich wäre eine von ihnen. Oder ich könnte zumindest so eine werden. Doch weil ich dachte, nur auf diese Weise den Beruf der Schauspielerin ausüben zu können, versuchte ich, mir eine gewisse Form von Extrovertiertheit anzutrainieren. Alle sensiblen Menschen, die rot anlaufen, wenn ihr Name in einer Gruppe fällt, die Kennenlernspiele hassen und die beim Besuch einer Show immer Angst haben, das Publikum könnte miteinbezogen werden, können jetzt sicherlich lauthals lachen – Extrovertiertheit *antrainieren*? Da kommt nichts Gutes bei raus. Sicher kann jeder an sich arbeiten und sich weiterentwickeln, aber das Wesen zu verändern, halte ich für keine gute Idee. Es hat schon seine Gründe, warum man so ist, wie man ist.

Ich bin sehr emotional, sensibel und gerne allein, doch wenn ich in der passenden Stimmung bin, dann kann ich laut und überdreht sein, ich kann im Mittelpunkt stehen und es auch genießen. Ich probiere mich gerne aus, teste meine Grenzen und liebe es, andere Menschen zu durchleuchten. Ich schäle auf emotionaler Ebene gerne Zwiebeln schaue mir an, was übrig bleibt. Ganz unausweichlich kam ich mit diesen Charaktereigenschaften bei meinem damaligen Traumberuf an.

Wenn es nur so einfach gewesen wäre. Wenn es nur ein bisschen Talent und viel Willensgabe bräuchte, um diesen Beruf auszuüben. Doch was es zusätzlich wirklich braucht, ist ein gesundes Selbstbewusstsein, und das hatte ich damals einfach noch nicht. Manchmal schlüpfte es heraus und stand dann plötzlich mitten im Raum, wir starrten uns verwundert an, bis sich der mir wesentlich bekanntere Selbstzweifel meldete.

Nachdem ich drei Jahre an der Schauspielschule hinter mir gehabt und die Abschlussprüfung bestanden hatte, war ich bereit für großes Hollywoodkino oder kleine Bühnen fernab dessen. Und es schockte mich umso mehr, wie viele meiner Klassenkameraden sich bereits an der Universität eingeschrieben hatten. Sie hielten schon jetzt dem Druck nicht stand; die Schulleitung sollte also doch recht behalten. Würde *ich* ihm denn standhalten können – und wollen?

Ich kann diese Frage bis heute nicht für mich beantworten, weil ich nie mit beiden Beinen in diesem Beruf angekommen bin. Immer wieder öffnete sich eine Tür, ich schob den Fuß dazwischen – *toll, wir melden uns!,* wurde mir nachgerufen – und dann ging sie schon wieder zu. Und blieb lange zu, meist so lange, bis mich mein Gedankenkarussell fast in den Wahnsinn trieb. Dann ging sie wieder auf und ich schlüpfte hinein, hatte hier einen Drehtag, da einen Kurzfilm und war dort die Zweitbesetzung. Jahrelang lief es genau so ab.

Irgendwann suchte ich unbewusst und ganz nebenbei ein neues kreatives Ventil. Ich gründete den Kolumnenblog *anidenkt.* und parallel dazu fing ich an zu reisen. Aus einem Selbstfindungswunsch und auch aus einer Identitätskrise heraus. *Wo gehöre ich denn nun hin?*, fragte ich mich. Ich kam zu dem Entschluss, dass ich mir beruflich selbst etwas aufbauen wollte, etwas, das ich alleine machen würde, bei dem ich frei sein könnte. Ich dachte an meinen Blog. Er wuchs ganz von alleine, die Artikel über meine Reiseerfahrungen wurden häufig gelesen und noch dazu bereitete es mir irrsinnig viel Spaß, ihn zu füllen mit reflektierten Texten und visuellen Eindrücken. Ich konnte somit eine alte und eine neue Leidenschaft verschmelzen lassen: das Schreiben und das Reisen. Parallel dazu tippte ich mir die Finger wund, verschickte Artikel an diverse Redaktionen, machte Praktika – und schaffte somit schließlich meinen Quereinstieg ins Autorenleben. Gleichzeitig griff ich zum Telefonhörer und kündigte bei meiner Schauspielagentur.

Der letzte Satz ist gelogen. Ich brauchte Monate, um diesen Schritt zu gehen. Das war wie Schluss machen, nur nicht mit dem Typen, der mir das Herz gebrochen hatte, sondern mit dem Traum, der schon immer da gewesen war. Aus zwei wurde eins, aus Spielen und Schreiben wurde nur Schreiben. Und ich zweifelte: *Was, wenn das nun auch nicht klappt?*

Doch ich wusste – und mein Bankkonto wusste es ebenfalls –, dass ich mich komplett lösen musste, damit etwas Neues entstehen konnte. Und dieser Mut war nicht nur vollkommen überwältigend, durch ihn fühlte sich der Schritt auch verdammt echt und richtig an. Er trug mich durch alles hindurch.

»Wir verstehen das«, sagte meine Agentin. »Es tut uns leid, dass wir dich nicht besser vermitteln konnten.« Und irgendwas irgendwo tat mir dann auch leid.

Ich fiel natürlich erst mal, weil ich meinen Traum endgültig gehen ließ. Aber ich landete sanft, weil sich ein anderer bereits Monate zuvor von meinem Unterbewusstsein zurück in die Realität geschlichen hatte. Das Schreiben, insbesondere das Bücherschreiben. Ich wollte wissen, ob ich das wirklich konnte, und als ich diese Frage raus aus meinem Herzen und hinein in die Welt schickte, ging alles plötzlich sehr schnell: Eine Literaturagentur kam auf mich zu und ein halbes Jahr später hielt ich meinen ersten Buchvertrag in den Händen: »Gehen, um zu bleiben«, eine Sammlung besonderer Reiseerlebnisse und wie ich dabei zu mir selbst gefunden habe, entstand unter anderem während eines Roadtrips durch Kalifornien, eines aufrüttelnden Erlebnisses in Malawi und einer Auszeit auf Mauritius. Einige Monate später unterschrieb ich den Vertrag für meinen Debütroman »Mein italienischer Vater« und wieder ein Jahr später folgte mein dritter Vertrag. Wenn ich Ende 2018 mein aktuelles Manuskript abgebe, dann habe ich drei Bücher in zwei Jahren geschrieben. Liest sich, als müsste ich mich ausgebrannt fühlen? Um ehrlich zu sein, ging es mir noch nie besser. Und das nur, weil ich endlich an dem Platz stehe, an den ich hingehöre.

Das war ein langer und oftmals anstrengender Prozess, dem ich auf diesen wenigen Seiten nie gerecht werden würde. Was ich hier schildere, umfasst elf Jahre. Ich schreibe das hier bewusst, denn Menschen tendieren oftmals dazu, die Erfolgsgeschichten anderer komplett fehlzuinterpretieren. Ich tat es lange Zeit nicht anders und machte mir damit selbst unnötigen Druck. Doch die Wahrheit ist: In meiner Geschichte gab es viele durchweinte Nächte, es gab Zeiten, in denen ich plötzlich wieder finanziell abhängig von meinen Eltern war, es gab viele Absagen, und was mich konstant begleitete, war das permanente Vergleichen mit allen um mich herum, die mir gefühlt immer einen Schritt voraus waren. Vergleichen, das ist kein Antrieb des eigenen Motors, sondern ein Schaden im Getriebe.

Als ich das vor ein paar Jahren mitten in einer Krise verstanden habe, fing ich an, weniger nach rechts und links zu schauen, um den Blick stattdessen nach innen zu richten. Ich begann zu meditieren, was ich leider nach wie vor mal mehr, mal weniger tue, denn auch das ist ein Prozess. Aber wie heißt es so schön? In der Ruhe liegt die Kraft. Also. Wenn ich meditiere, weiß ich sehr schnell, wie ich mich positiv ausrichte, wohin ich will, was ich kann und wo vermeintliche Schwächen liegen. Wenn ich meditiere, relativiert sich alles um mich herum und ich sehe die Umstände, in denen ich stecke, wesentlich klarer. Ich bekomme Antworten auf Fragen, die noch gar nicht da waren. Damit mache ich mir selbst das größte Geschenk, nämlich: Ich gebe mir Zeit und Aufmerksamkeit. Zu meditieren, Yoga zu machen, viel Zeit in der Natur zu verbringen, zu affirmieren und zu visualisieren – diese Kombination ist mein persönliches Rezept, um wieder auf Kurs zu kommen. Damit habe ich in dem ganzen Chaos mein Vertrauen ins Leben wiedergefunden. Mein Vertrauen darauf, dass ein Traum gehen darf, um einem anderen Platz zu machen. Das half mir immer wieder aufs Neue dabei, wieder anzufangen. Und als dieses Vertrauen stärker wurde, losgelöst von dem, was um mich herum passierte, kam der berufliche Erfolg gefühlt über Nacht.

Rückblickend würde ich nichts anders machen. Die Schauspielschule war hart, meine Gefühle wurden freigesetzt, lagen am Boden und oftmals wurde auf ihnen herumgetrampelt. Trotzdem habe ich dabei genau das über mich gelernt, was mir heute hilft, beruflich wie privat: den Blick nach innen zu richten und das zu schulen, immer und immer wieder.

Dann kamen die Reisen, die mich beflügelten, die mir noch immer zeigen, wie viel es da draußen zu entdecken gibt und wie klein mein eigener Kosmos doch ist. *Ich bin ein Teil des Ganzen.* Das rückt jeden negativen Gedanken sofort wieder zurecht.

Kurze Zeit später sprang ich in die Selbstständigkeit und gab schließlich meinen Emotionen einen neuen Beruf: Ich setze das, was ich fühle, tue und beobachte, in einen Kontext. Ich unterhalte andere mit meinen Geschichten, nehme sie mit, rege sie zum Nachdenken an. Berühre sie, wenn sie denn wollen.

Genau das mache ich jetzt. Und wenn ich es so betrachte, dann erreiche ich mit dem Schreiben genau das, was ich mir vom Spielen immer erhofft habe. Es ist genau das, was bleibt, nachdem ich die Zwiebel meines eigenen Lebens geschält habe.

»Um ehrlich zu sein, ging es mir noch nie besser. Und das nur, weil ich endlich an dem Platz stehe, an den ich hingehöre.«

Bianca Jankovska

»Viel zu lange habe ich Entscheidungen für die Person getroffen, die ich gerne sein wollte, statt für die Person, die ich bin.«

Wusstest du schon?

- Hat ihren allerersten Artikel mit 16 im Kinder-Kurier veröffentlicht – ganz ohne Internet. Das Thema: die Schattenseite von Ferienpraktika.
- Sieht ihre Introvertiertheit inzwischen als persönliches Thermometer für Grenzüberschreitungen.
- Witzig: Dass sie nach drei Jahren in Deutschland immer noch gefragt wird, wie lange sie denn schon hier sei oder ob sie gerade Urlaub mache.

Ich will gar nicht die Beste, Erste, Schnellste sein:

Ein Plädoyer für die Karriere light

Ich war elf Jahre alt und schlug einen Ball gegen die Turnsaalwand, als mein Lehrer ein verstecktes Talent in mir entdeckte. Volleyball, sagte er später zu meinen Eltern, wäre ein geeigneter Sport für mich. Auf seine Empfehlung suchten sie nach Vereinen in der Gegend und wurden schnell fündig. Die nächsten fünf Jahre sollten sie mich jeden Sonntag quer durch Wien zu Turnieren kutschieren und den heiligen Tag des Herrn verfluchen.

Volleyball wurde schnell zum wichtigsten Element meines Lebens. Während sich andere Mädchen einen Freund wünschten, wollte ich unbedingt Gold bei den österreichischen Staatsmeisterschaften gewinnen. Mit zwölf Jahren trainierte ich zweimal die Woche und konnte die nachmittäglichen Trainingseinheiten gar nicht erwarten. Spaß schmeckte damals nach schwitzigen Knieschonern und schwarzen Polyesteroberteilen. Volleyball war ein geheimes Paralleluniversum, in dem sich meine Pubertät abspielte. Drei mit schweren Vorhängen unterteilte Turnhallen voller Neugier und Lob.

Ich war groß für mein Alter, knappe 1,70 mit 13 Jahren. Obwohl ich weniger Erfahrung hatte als die anderen, die schon mit sieben oder acht Jahren zu pritschen begonnen hatten, fingen die Trainer*innen an, mich bei Wettkämpfen einzusetzen. Erst vorsichtig, später in der Grundaufstellung. Ich war schlecht in der gegnerischen Ballannahme, versenkte die mir aufgespielten Bälle aber nicht selten vor der Dreimeterlinie, wenn man mich ließ. Ein Fakt, der sich bald in der Szene herumsprechen sollte.

Es blieb nicht lange bei zwei Trainingseinheiten. Statt wie gewohnt in meiner U13-Mannschaft zu spielen, setzte man mich vereinsintern öfters bei den U15- und U17-Turnieren als Außenangreiferin ein. Meist dann, wenn die Älteren schon erschöpft und das Spiel noch nicht ganz gewonnen war. Ich war keine 14 Jahre alt, trainierte aber schon bis zu viermal pro Woche und spielte samstags und sonntags Matches in drei verschiedenen Mannschaften auf zwei verschiedenen Positionen.

Mein Aufstieg gefiel mir. Welchem 13-jährigen Mädchen hätte es nicht gefallen, von anderen gelobt und bewundert zu werden, weil es Pokale nach Hause bringt? Ich hatte wenig bis kaum freie Zeit, aber das machte nichts. Volleyball war meine Obsession. Zuerst konnte ich meine Energie beim Training loswerden, bevor ich später mit meinen Mannschaftskolleginnen loszog, um heimlich Malibu Orange in schäbigen Tanzcafés zu trinken. Wir verbrachten ganze Sommer im Arbeiterstrandbad, um fit zu sein fürs Trainingscamp, und aßen nie mehr als einmal Pommes pro Tag, um uns später nicht beim Gemeinschaftswiegen zu blamieren.

Schon mit 14 musste ich peinlichst genau auf meine Figur achten, um höher springen zu können. Ich durfte keine Süßigkeiten essen, ich sollte früh schlafen gehen. Partys, Jungs und Alkohol waren genauso ungern gesehen wie Gespräche mit der Konkurrenz. Es war ein Leben voller ungeschriebener Regeln, das ich zu einem Zeitpunkt gewählt hatte, an dem ich nicht wissen konnte, welche Negativa es in sich bergen würde. Um nicht aufzufallen, habe ich meine Sensibilität heruntergeschluckt und die dadurch entstandenen Zweifel bei noch härteren Trainings ausgeglichen. Wenn ich schon emotional nicht auf der Höhe war, so wollte ich das zumindest in meiner Leistung sein. Zeigen, dass ich trotz meiner Schwäche genauso leistungsstark war.

Meine Verbissenheit und mein Ehrgeiz führten dazu, dass ich bei den Staatsmeisterschaften 2005 zur besten Spielerin des Jahres gekürt wurde. Ich kann mich noch erinnern, wie wir in unseren einheitlichen Outfits händchenhaltend hintereinander in einer Reihe auf dem Boden saßen und mein Name aufgerufen wurde. Die Tränen schossen mir in die Augen, als ich vollkommen erschöpft nach einem 48-Stunden-Sportmarathon in meinen knallblauen Schuhen nach vorne lief, um die Hände alter Männer zu schütteln.

Von da an wusste ich: Das mit dem Sport und mir könnte etwas Großes werden. Spielerin des Jahres, so sagte ich mir, sei erst der Anfang.

In der nächsten Saison klopfte das Bundeskader an. Ich sollte ab jetzt, ich war damals 14 oder 15, einen zusätzlichen Termin pro Woche wahrnehmen, um für internationale Wettkämpfe zu trainieren. Es war rückblickend betrachtet der Moment, in dem ich hätte Nein sagen sollen. Aber wer sagt schon Nein, wenn ihn der Erfolg in Gestalt einer älteren Profisportlerin anlächelt?

Ich trainierte nun dienstags, donnerstags und freitags mit meiner eigenen Mannschaft, mittwochs mit dem Bundeskader und wusste schon bald nicht mehr, wie ich die Spiele am Wochenende bewältigen sollte. Zwischendurch musste ich Prüfungen in der Schule ablegen und meiner gerade in Fahrt kommenden Libido gerecht werden. Mein Leben war eine Aneinanderreihung von Partys, Trainings, Medaillen, Alkohol, verschlafenen Matches und versetzten Typen. Es gab Wochenenden, da betrat ich erst kurz vor knapp die Halle.

Vor den Trainingseinheiten mit dem Bundeskader wurde mir schlecht in der Magengegend. Ich hatte Probleme, die Umkleidekabine zu betreten, meine Schuhe anzuziehen und rauszugehen. Ich hatte keine Lust, das Training über mich ergehen zu lassen, das härter als alles war, was ich zuvor gekannt hatte. Es ging schon sehr lange nicht mehr um Spaß. Dabei waren wir doch Teenager. Was gab es schon zu gewinnen, frage ich mich heute. Einen *lächerlichen* Pokal?

Ich tat mein Bestes, um den Anforderungen gerecht zu werden, selbst wenn ich von meinen neuen Kolleginnen kritisch beäugt wurde. Ich kannte nur zwei, drei Spielerinnen aus meinem eigenen Verein, der Rest spielte in einer anderen Liga. Ich musste mich doppelt anstrengen, um überhaupt ins Feld zu dürfen. Ich kann mich noch an ein Turnier in Nürnberg erinnern, bei dem ich ein komplettes Wochenende lang bibbernd auf der Bank gesessen habe, statt mit meinen Freund*innen zu Hause in Wien Geburtstag zu feiern. Ich war einsam, nicht nur an diesem Wochenende. Immer öfter fragte ich mich, was der Sinn dieser Sache war.

Wenn ich hier darüber schreibe, wie es mir damals erging, leuchten die Alarmglocken. Ich hätte nicht in das Bundeskader einsteigen sollen, nur um mein Ego zu befriedigen. Ich hätte bei zwei, maximal drei Trainingseinheiten bleiben sollen. Jedes Mal, wenn ich nicht auftauchte, weil ich stressbedingt nicht mehr konnte, warf mir die Trainerin vor, eine faule Verräterin zu sein. Immer wieder erlitt ich vor, während oder nach den Trainingseinheiten Nervenzusammenbrüche, die ich erst sehr viel später als Warnsignale meiner Psyche einordnen konnte. Wenn ich mich psychisch oder physisch missbraucht und überfordert fühlte, verwandelte sich, verwandelte mich meine Sensibilität in Chaos.

Leistungssport, so merkte ich bald, hatte nichts mit dem zu tun, was mein Sportlehrer meinen Eltern versprochen hatte. Es war die Konkurrenzgesellschaft in ihrer Reinform für naive Teenager wie mich, die sich daran ergötzten, endlich in irgendetwas richtig gut zu sein.

Wer denkt, dass das Internet Schuld an dieser Entwicklung hat, irrt. Schon damals reichte es nicht, schlicht fähig zu sein. Die Codes schrieben vor, nicht zu widersprechen, sich zu beherrschen und die Füße vor den Spielen kalt abzuduschen, wenn es der Coach verlangte. Jedes Match hochmotiviert dabei zu sein, selbst wenn man es von der Bank aus erlebte. Sie verlangten, dass man so lange und so hart an sich arbeitete, bis einem die Kniescheiben raussprangen. Wer ohne Verletzung für eine Woche ausfiel, weil das Leben dazwischenfunkte, galt als unten durch.

Irgendwann sah ich es jedoch nicht mehr ein, meine Jugend für einen Verein zu opfern. *Schneller, weiter, besser* hat mir den Spaß verdorben, indem es jede Übung und jeden spontanen Ballwechsel zu einem Wettkampfszenario verkommen ließ. Auch der Zusammenhalt als Mannschaft litt darunter, wenn jeder Fehler mit einem enttäuschten Kopfschütteln vergolten wurde. Ich war ebenfalls nicht urteilsfrei, im Gegenteil. Ich war sehr wütend, wenn wir nicht gewannen, nachdem wir in den Wochen zuvor unsere gesamte Freizeit für das Derby geopfert hatten. Ich schrie und heulte in der Umkleidekabine, bis mein Vater mich beruhigte und völlig erschöpft ins Auto setzte. Meine Introversion, meine Sensibilität übertünchte ich mit Aggression, um mir selbst und anderen Angst zu machen.

Ich habe seit knapp neun Jahren keinen Ball mehr angefasst. Mit 17 Jahren, am Höhepunkt meiner Karriere als Leistungssportlerin, verkündete ich überfordert und enttäuscht ihr Ende. Ich wollte nicht nach Italien ziehen, um Profi zu werden. Ich hatte keine Lust, freitagabends erst um 21 Uhr zu Hause zu sein. Um an die Spitze zu kommen, fehlte mir vielleicht nicht das Können, dafür aber alles andere. Ich war nicht dafür geeignet, die Beste zu sein. Es entsprach nicht meinem sensiblen Wesen, in einem hochkompetitiven Umfeld tätig zu sein. Umso witziger, dass ich Jahre später wieder in einem solchen landete.

Nachdem ich den Leistungssport aufgegeben hatte, widmete ich mich dem Schreiben. Ich entschied mich gegen den Sport und für ein theorielastiges Studium. 150 Blogartikel und sechs Jahre später fand ich mich in einem der größten Medienhäuser Deutschlands wieder und fragte mich schon nach wenigen Monaten, wie mir dieser Fehler schon *wieder* passieren konnte. Ich hatte wenig bis kaum freie Zeit. Schreiben war nun anstelle des Sports meine Obsession geworden.

Schon wieder hatte ich ein geliebtes Hobby gegen einen Platz an der Front getauscht. Schon wieder Ja gesagt, weil mich jemand fördern wollte. Ja gesagt zum Schicht- und Wochenenddienst, Ja zum Extrafleißigsein. Ja zum artigen Befolgen der internen Verhaltenskodizes, ohne zu merken, welchen Teil meines Selbst ich dabei verleugnete. Auf dem Weg zur Arbeit wurde mir irgendwann schlecht in der Magengegend. Ich hatte Probleme, das Bürogebäude zu betreten, meine Jacke auszuziehen und mich an den Computer zu setzen.

Ich schrieb trotzdem wie eine Bekloppte. Ich fuhr zu Konferenzen. Ich dachte, dass sich all das Strampeln und Schreien und Gutsein bezahlt machen würden, wenn ich bekannt sein würde, wenn ich endlich das erreicht hätte, was alle so vehement als Heiligen Gral predigten: Ruhm. Prestige. Einen eleganten Auftritt im Schein der Öffentlichkeit.

Irgendwann fing ich an, die Menschen zu beobachten, die anscheinend das hatten, was ich wollte: 20.000 Follower auf Twitter, eigene Hashtags und Auftritte. Es waren dieselben Menschen, die später überraschend an Burnouts litten, auf der Arbeit heulend auf der Toilette saßen und ohne Drogen keinen Abend mehr runterkommen konnten. Es waren die, die in Restaurants angesprochen wurden und wöchentliche Anrufe bei ihren Großeltern vergaßen. Dieselben Personen, die sich damals für eine Profi-Volleyball-Karriere entschieden hatten und drei Jahre später aufgrund von psychischen Erkrankungen und Verschleißerscheinungen in Kliniken eingeliefert wurden.

Ich finde es fatal, dass so wenig über die Schattenseiten des Erfolgs bekannt ist. Dass uns die Tode von Mac Miller, Tim Bergling alias Avicii oder Amy Winehouse keine Warnung sind, weil wir in Deutschland und Österreich denken, unendlich weit von ihnen entfernt zu sein. Spoiler: sind wir nicht. Jedes Mal, wenn ich Tim Bergling in der Netflix-Doku dabei zusehe, wie er versucht, seinem Umfeld verzweifelt mitzuteilen, dass er nicht mehr auftreten will, bekomme ich Gänsehaut.

Bitte nicht falsch verstehen: Nicht jeder, dem eine steile Karriere gelingt, wird psychisch krank. Es gibt sie, die wahren Rampensäue, die, die ohne Publikum nicht können und wollen und für den Exzess und den 13-Stunden-Arbeitstag leben. Ich bin keine davon. Ich war es 2009 nicht und 2019 werde ich es auch nicht plötzlich sein. Ich bin nicht dafür gemacht, mich unter den Besten der Besten um die vordersten Plätze zu streiten und dafür giftige Machtkämpfe, stetige Beobachtung und Unmengen an Emotional Labour in Kauf zu nehmen.

Deshalb schreibe ich diesen Text. Damit jene, die gerade an ihrer vermeintlich nicht vorhandenen Durchhaltefähigkeit verzweifeln, sehen, wie eine Karriere nach eigenem Tempo aussehen kann, ohne 24/7 online zu sein und 34.000 Follower auf zig Kanälen zu befriedigen. Dass es möglich ist, nach den eigenen Regeln und Wertvorstellungen zu handeln und sich dabei so wenig wie möglich selbst auszubeuten.

Meiner Introvertiertheit im Karriere-Hustle Vorrang zu geben, hat mich zehn Jahre Reflexionsarbeit, zahlreiche geschlossene Social-Media-Kanäle und unangenehme Personalgespräche gekostet. Ich war schon als Teenager die, die neidisch rüberblickte zu denen, die international durch die Decke gingen, sechsstellige Beträge im Jahr verdienten, auf Podien saßen und inspirierende Vorträge hielten, bis ich eines Tages so weit war, hinter die Kulissen zu blicken, und dabei merkte: Aufmerksamkeit und Fame bringen einen unsichtbaren Preis mit, den ich in neun von zehn Fällen nicht bereit bin zu zahlen. Genau deshalb habe ich auch meinen TED Talk über Millennials in der Arbeitswelt abgesagt, zu dem ich im Sommer 2018 eingeladen wurde. Ich war selten so stolz auf eine Entscheidung, denn obwohl ich mir selbst die Möglichkeit nahm, eine pointierte Rede in einer wunderschönen Konzerthalle in Freiburg zu halten, die professionell aufgenommen und dann zur Verbreitung auf YouTube gestellt werden sollte, fühlte es sich falsch an. Wieso sollte ich auch ausgerechnet einen authentischen Vortrag über schlechte Arbeitsbedingungen halten, wo mich die Veranstalter nicht dafür bezahlen wollten? Einen Schritt in eine Richtung gehen, die gar nicht die meine ist?

Ich möchte keine Speakerin werden, ich möchte einen Podcast haben. Ich möchte nicht um die Welt jetten und anderen Binsenweisheiten vortragen. Ich möchte Bücher schreiben. Ich möchte nicht berühmt, ich möchte zufrieden sein und mein Leben so gestalten, dass ich meinen Stresslevel nicht mit Medikamenten regulieren muss, um zu funktionieren.

Viel zu lange habe ich Entscheidungen für die Person getroffen, die ich gerne sein wollte, statt für die Person, die ich *bin*. Habe meine Introvertiertheit als Schwäche betrachtet, dabei war sie vielmehr ein Thermometer dafür, was für mich als Mensch okay ist und was nicht. Sie ist weder auf magische Weise über Nacht verschwunden, noch hat sie mir Türen zu bislang unerforschtem beruflichem Terrain eröffnet. Wenn, dann hat sie mich im vergangenen Jahr davon abgehalten, Jobangebote und Positionen anzunehmen, die nicht zu mir passten.

Niemand hat mir erzählt, dass es okay ist, nicht die Erste, Schnellste und Beste sein zu wollen. Abstriche zu machen, wenn es um die eigene Gesundheit geht. Dabei ist es ganz angenehm in der siebten Reihe, links außen. Es muss Raum sein für den 18., 47. und 107. Rang, wenn wir das Formel-Einssche-Platzerldenken schon nicht komplett abschaffen können.

Würden wir alle weniger gierig nach dem Treppchen schielen, gäbe es mehr zu gewinnen und weniger zu neiden. Weniger zu strampeln im alltäglichen Wegnehm-Wettbewerb und weniger behindernde Gefühle, vermeintlich nicht genug getan zu haben.

»Meiner Introvertiertheit im Karriere-Hustle Vorrang zu geben, hat mich zehn Jahre Reflexionsarbeit, zahlreiche geschlossene Social-Media-Kanäle und unangenehme Personalgespräche gekostet.«

Carina Stöwe

»Um ganz offen und ehrlich zu sein, wusste ich nach dem Verlust auch nicht wirklich mehr, wohin mit mir.«

Wusstest du schon?

- Einst Vollzeit-Reisebloggerin, nun Podcasterin, die es sich zur Aufgabe gemacht hat, den Tod von allen Seiten zu beleuchten.
- Die anderthalb Jahre, die sie in ihrem Van in Süd- und Nordamerika gelebt hat, haben ihre Schmerzgrenze für Badetemperaturen drastisch herabgesetzt.
- Als gebürtige Mainzerin steht sie zwar nicht so sehr auf die Fastnacht, genießt es dennoch bisweilen, ihr Brokkoli-Kostüm zu tragen.

Von verlorenen Gefühlen

und dem Zauber von Oz

I couldn't wait till I got home to pass the time in my room alone. »Adam's Song« von Blink-182 würde ich wohl rückblickend als die Hymne meiner Pubertät bezeichnen. Ich habe es rauf und runter gehört und obwohl ich damals nicht wirklich verstand, worum es geht (natürlich habe ich mich, ganz unabhängig vom Einfluss meiner Eltern, dazu entschieden, in der fünften Klasse mit Latein zu beginnen und erst später mit Englisch), habe ich die Wucht und den Schmerz des Songs dennoch mit Haut und Haaren wahrgenommen und so sehr gefühlt. Es ist doch irgendwie verrückt, dass Musik, auch wenn man kein einziges Wort versteht, genau das ausdrücken kann, was man häufig selbst nicht in Worte fassen kann.

Als ich irgendwann mit 14 auch ein wenig Englisch verstand, konnte ich mich mit genau diesen oben stehenden Zeilen des Liedes, den einzigen, die ich in ihrer Sinnhaftigkeit komplett begreifen konnte, absolut identifizieren. Es gab nichts, worauf ich mich nach einem langen Tag an meiner Ganztagsschule mehr gefreut habe, als nach Hause zu kommen, meine Zimmertür zuzuschließen und endlich ganz für mich und meine Musik zu sein. Dass sich das Lied eigentlich um Suizid oder die Hoffnung, die es trotz Selbstmordgedanken gibt, dreht, habe ich erst zu einem späteren Zeitpunkt begriffen.

Mein Zimmer war mein Zufluchtsort – wie habe ich es geliebt, meine blaugrüne Lavalampe anzuschmeißen, meine Lieblings-CD einzulegen (meistens eine Mix-CD, auf der Blink-182 wild zusammengewürfelt mit Pink, den Beatles, Linkin Park und den Spice Girls ihren Platz fanden) und stundenlang in mein Tagebuch zu schreiben. Das Chaos in meinem Kopf niederzuschreiben, zu lichten, all die Eindrücke, die auf mich einprasselten, all die Gefühle, die sie hervorriefen, zu sortieren und schriftlich zu verarbeiten. Für mich allein, in meinen vier Wänden, tage-, wochen-, jahrelang. Immer mal wieder habe ich mich gefragt, ob es normal oder überhaupt gut ist, so viel Zeit alleine zu verbringen. Immer mal wieder versuchte ich es mit diesem Rausgehen und Funktionieren in einem gesellschaftlichen Gefüge, das mich letztlich doch immer überforderte. Damals zog ich für mich den Schluss, dass etwas mit mir nicht stimmen musste, was mir verwirrtem Teenager die pubertätsbedingte Sinnkrise natürlich nicht erträglicher machte.

Ich war also nicht wirklich gesellig als Jugendliche und ich bin mir nicht einmal sicher, ob ich es heute mittlerweile bin oder ob man es denn überhaupt irgendwann sein muss. Damals führte meine selbst gewählte Einsiedlerkrebsigkeit dazu, dass die meisten meiner Mitschüler*innen einen großen Bogen um mich machten. Die Gespräche, die sie führten, ergaben für mich in den meisten Fällen kaum einen Sinn. Sie sprachen über banale Dinge wie Shopping, Stars oder Lehrer*innen, während irgendwo Wälder abgeholzt wurden, Arten ausstarben und so viele Menschen auf der Welt unter der Armutsgrenze leben mussten. Der Weltschmerz lag wie Blei auf meinen Schultern und ich lag unzählige Nächte wach, mein Kissen durchnässt vom Weinen, weil ich einfach nicht wusste, was ich gegen all das Leid in der Welt tun konnte.

In der Schule zog ich es vor, für mich alleine in einer Ecke Mittag zu essen und in jeder freien Minute die Hausaufgaben für die nächsten Tage zu erledigen, was nach meiner persönlichen Einschätzung ziemlich clever war, weil ich zu Hause dann mehr Zeit zum Musikhören und Vor-mich-hin-Sinnieren hatte. Auf die anderen wirkte das natürlich eher streberhaft, und so führte das selbst gewählte Mich-selbst-Ausschließen letztlich zum Ausgeschlossen- und Gemobbtwerden. Ein Kreislauf, angefeuert durch meinen Hang und Drang zur Einsamkeit und dem immer weiteren Entfremden vom gesellschaftlichen Leben der Klassengemeinschaft.

Als sich mein Vater das Leben nahm, nachdem ich gerade 17 geworden war, bekam »Adam's Song« für mich in seiner Wirkkraft eine neue Ebene und auch das Feedback von außen veränderte sich. Aus Mobbing wurde Meiden. Der Sonderling-Status erreichte ein neues Level, mittlerweile wusste niemand mehr etwas mit mir anzufangen. Um ganz offen und ehrlich zu sein, wusste ich nach dem Verlust meines Vaters auch nicht wirklich mehr, wohin mit mir. Wie hätten es die anderen also wissen sollen? Die große Frage nach einem traumatischen Ereignis ist: Was macht man in solch einer Extremsituation, wenn man eh schon zu viel fühlt und wahrnimmt? Eine Strategie, die ich für mich auserkoren habe und die ich im Nachhinein alles andere als empfehlen würde, war: den Schmerz in seinem Keim zu ersticken.

Was damit zwangsläufig passiert, ist Folgendes: Es ist nicht möglich, ein Gefühl selektiv zu unterdrücken. Wenn man ein Gefühl wegdrückt, beschneidet man damit im gleichen Zug das gesamte Gefühlsspektrum (frei nach »The Power of Vulnerability« von Brené Brown). Dies habe ich am eigenen Leib erfahren. Es war dermaßen zu viel, dass ich es einfach nicht mehr ertragen habe, alles zu spüren, und so habe ich komplett dichtgemacht. Ich habe keine Freude und kein Glück mehr gefühlt, aber auch keine Trauer und keinen Schmerz – was zu diesem Zeitpunkt tatsächlich auch praktisch war. Damals hatte ich nicht die Fähigkeiten und das Umfeld, um mit dem Verlust irgendwie anders umzugehen. Insofern war es im Endeffekt vielleicht doch ein ganz guter Zug von meinem Unterbewusstsein, mein Herz abzukapseln und wegzuschließen. Sonst wäre ich wahrscheinlich verrückt geworden.

In den Jahren nach dem Tod meines Vaters habe ich mich immer mehr von mir entfremdet. Ich hatte den Zugang zu mir absolut verloren, was ganz natürlich ist, wenn man sich komplett von seinen Gefühlen abschottet und keinen natürlichen Wegweiser mehr hat. Mein Verstand regierte die folgenden Jahre – ich machte vernünftigerweise mein Abitur und begann vernünftigerweise mit einem Studium. So sehr ich mich in mir selbst mit der Opferrolle identifizierte und mich fragte, warum das mir passieren musste, so sehr wollte ich nach außen mein Gesicht wahren, stark sein und bloß nicht zugeben, dass ich eigentlich komplett verloren war. Verloren in mir und auch in dieser Gesellschaft, in der es vorrangig darum ging, zu funktionieren und sich anzupassen.

Um letztlich ein Stück von mir wiederzufinden, musste ich in die große weite Welt und damit ziemlich weit aus meiner Komfortzone hinausziehen. Nachdem ich vier Jahre in einer Blase aus Benommenheit gelebt hatte, ließ mich mein Auslandssemester in Melbourne, Australien, nicht nur zum ersten Mal wieder wahre Freude spüren, sondern auch meine Liebe zum Reisen entdecken. Die neuen Sinneseindrücke waren eine Herausforderung für meine eingestaubten Wahrnehmungsbahnen. Das Rauskommen aus der alten schmerzbehafteten Umgebung und die Möglichkeit, mich in einem neuen Umfeld komplett neu zu entfalten – ganz unabhängig von allem, was war, weil niemand meine Vergangenheit kannte –, war für mich wie ein Befreiungsschlag. In Australien hatte ich zum ersten Mal seit Jahren wieder das Gefühl, wirklich atmen zu können. Es ließ die Schwere von meinen Schultern abrollen und ich konnte mich wieder frei bewegen. Bewegen im ganz wörtlichen Sinne, denn in Melbourne begann ich auch mit dem Joggen. Der Sport, den ich zuvor immer verabscheut hatte, gab mir endlich wieder einen Zugang zu mir selbst. Durch die Bewegung konnte ich mich wieder spüren und damit von dem physischen Erfahren meiner Selbst auch wieder an meine Emotionalität anknüpfen.

Die große Herausforderung war – nachdem die Emotionsbahnen in meinem System durch ein Feuerwerk australischer Lebensfreude wiederbelebt waren –, die Gefühle der anderen, vor allem der mir nahestehenden Personen, nicht komplett zu absorbieren und mit meinen eigenen zu verwechseln. Das ist tatsächlich eine Sache, bei der ich auch heute noch achtsam sein muss. Die Grenzen meines Empfindens klar zu definieren und behutsam in mich hineinzuspüren, ob diese Emotion, die mich gerade übermannt, wirklich zu mir gehört oder ob ich sie von jemand anderem aufgeschnappt habe.

Seitdem ich 2014 mit dem Meditieren angefangen habe, gelingt mir das von Mal zu Mal besser. Die besondere Achtsamkeit, die ich durch das Sitzen in Stille und das Beobachten meiner Empfindungen und Gedanken übe, hilft mir auch im Alltag, bewusster mit meinen Wahrnehmungen umzugehen. Es unterstützt mich dabei, meine Erfahrungen und die daraus resultierenden Bewertungen infrage zu stellen und damit auch zu ergründen, ob meine emotionale Reaktion ein gelerntes Muster ist, eine bewusste Umprogrammierung, die ich etablieren möchte, oder etwas ganz Verqueres, was dann ziemlich wahrscheinlich nicht auf meinem Mist gewachsen ist und das ich guten Gewissens ziehen lassen kann.

Australien war für mich unterbewusst ein Initialzünder für die Suche nach meinen verlorenen Gefühlen. Klar, ich habe nach Australien nicht direkt realisiert, was die Reise mit mir gemacht hat, geschweige denn habe ich mich danach bewusst dazu entschieden, auch die anderen benommenen Gefühle wachzurütteln. Im Nachhinein habe ich das Gefühl, dass ich mich seit meinem Auslandssemester wie Dorothy in »Der Zauberer von Oz« auf die Suche begeben habe, um nach Hause zurückzukehren, auf die Suche nach dem Zuhause in mir selbst. Wie Dorothy und ihre Gefährten hatte ich nicht die leiseste Ahnung, dass die Lösung zu allem, was ich mir wünsche – im Grunde die Zufriedenheit in mir und mit mir selbst –, ganz allein in mir liegt.

Manchmal muss man wundersame Wege bestreiten (und oft auch einfach mal in die falsche Richtung gehen), um sich selbst ein Stück näherzukommen. Doch letztlich ist bereits alles da. Natürlich können die Erfahrungen und Eindrücke, die wir im Außen sammeln, nützliche Wegweiser auf dem Weg nach innen sein. So hat mich mein 18-monatiger Roadtrip mit meinem Bulli von Süd- nach Nordamerika so unfassbar viel gelehrt. Gleichermaßen habe ich mich auch sehr im Außen verloren. Wer jemals eine längere Reise gemacht hat, kann verstehen, wie es ist, jeden Tag neue Reiseerlebnisse zu sammeln, neue Orte und Menschen und Kulturen kennenzulernen und dann auch noch irgendwie Wörter einer neuen Sprache aufzunehmen. Dabei sind so gut wie alle Wahrnehmungskanäle belegt, und ich hatte damals kaum Kapazitäten, um mich auch wirklich genug um mich selbst zu kümmern. Was daraus resultierte, war Überforderung par excellence und eine wenig bekannte Kuriosität: das Reise-Burn-out.

Seit der Rückkehr von dieser für mich bis dahin längsten Reise meines Lebens spielt das Priorisieren meiner Selbstfürsorge eine riesige Rolle für mich. Durch ein zehntägiges Seminar in Vipassana-Meditation habe ich mich noch intensiver mit mir selbst auseinandersetzen dürfen und weitere Gefühlspuzzlestücke – und zwar Einsamkeit und die bedingungslose Liebe – gefunden. Und wer hätte es gedacht, dass ein Seminar von Tobias Beck für mich der letzte Schritt aus meiner Komfortzone sein würde, der mein (hoffentlich) letztes verlorenes Gefühl – die Wut – aufdeckt?

Für mich war das Wiederfinden meiner verlorenen Gefühle (das ich in keinster Weise jemals so geplant habe) der entscheidende Schlüssel für den richtigen Umgang mit mir selbst. Dadurch, dass ich mich wieder spüre, lerne ich mich jeden Tag ein bisschen besser kennen und treffe jeden Tag ein bisschen bessere Entscheidungen, um für mich zu sorgen und achtsam mit mir und letztlich auch mit meiner Umwelt umzugehen. Diese Erkenntnis geht für mich mit der Entscheidung einher, dass ich die komplette Verantwortung für mein Leben selbst übernehme und mich nicht mehr zum Opfer äußerer Umstände mache. Denn nur ich selbst habe es in der Hand, dass ich mein bestes Leben führe, dass ich meine Balance finde (selbst wenn das heißt, dass ich mal eine gesamte Woche zu Hause bleibe und keinen sozialen Pflichten nachgehe, um meine Akkus aufzuladen) und mich gleichermaßen verwirklichen kann. Auch wenn Verantwortung sich manchmal groß und schwer anfühlt, ist es doch eigentlich ziemlich genial, dass wir – ganz allein, nur mit uns selbst – im Grunde alles erreichen können. Und wenn jeder von uns Verantwortung für sich selbst übernimmt, auf sein Herz achtet und bewusste Entscheidungen trifft, bin ich davon überzeugt, dass die Welt dadurch ein bisschen sanfter wird.

»Manchmal muss man wundersame Wege bestreiten (und oft auch einfach mal in die falsche Richtung gehen), um sich selbst ein Stück näherzukommen.«

Jan Lenarz

»Ich nenne es Machtsamkeit. Denn Achtsamkeit und das Achten auf die eigenen Bedürfnisse können einem die Macht über das eigene Leben zurückgeben.«

Wusstest du schon?

- Jan ist Autor und Verleger des ganzheitlichen Terminkalenders und Achtsamkeitsbestsellers »Ein guter Plan«.
- Am besten abschalten kann er aber im Fitnessstudio, er hat auch keine Ahnung, was da schiefgelaufen ist.
- Seine größte Erkenntnis: Selbstliebe ist eigentlich Selbstakzeptanz. Statt »Ich bin der Beste« sagt er »Ich bin gut genug«.

Wir alle wollen Suppe und auf den Arm

»Vergiss nie, was du bist. Der Rest der Welt tut es auch nicht. Trage es wie eine Rüstung, dann kann dich niemand damit verletzen.« — Tyrion Lannister

Es ist 2005 und ich verlasse meine WG in Kreuzberg. Als ich auf die Straße trete, sieht mich eine Mutter mit ihrem Kind an der Hand und wechselt hastig die Straßenseite. Kein Wunder: grimmiger Gesichtsausdruck, im Fitnessstudio aufgepumpt, geschorener Kopf, Bomberjacke, auf dem Rücken prangt ein riesiger Aufnäher, auf dem ein Maschinengewehr zu sehen ist. An meinem Rucksack baumeln Boxhandschuhe, mein Gesicht ist vom letzten Training noch geschwollen, meine Nase angebrochen. Ich steige in meinen Wagen, beschleunige mit quietschenden Reifen und drehe den Death-Metal-Song so laut, dass jeder hören kann, was für ein harter Junge ich bin.

In dem Moment sorgt das für Genugtuung, erst Jahre später wird mir klar, dass dies einer der Tiefpunkte meines Lebens war. So viel Aufwand, um hart und unangreifbar zu wirken. Dabei war ich damals das Gegenteil: schwach und verletzlich.

Und wenn ich mich so umsehe, scheint es vielen meiner männlichen Artgenossen ähnlich zu gehen. Täglich sehe ich diese Männer in meinem Fitnessstudio: niemals lächelnd, aber immer in schwarzen T-Shirts, meist mit Totenkopf-Druck, immer mit zu viel Gewicht auf der Hantelstange und niemals eine saubere Ausführung der Übung. Niemand soll denken, dass sie schwach sind, da sind sogar die eigenen Gelenke egal. Auf Instagram schreiben sie, dass man Männer ohne Bart Frauen nennt und so weiter, ihr kennt das ja. Zu ihnen komme ich gleich noch.

Die folgenden Jahre arbeitete ich wie ein Verrückter, denn beruflicher Erfolg ist ein weiterer Weg, sich und allen anderen zu beweisen, dass man nicht schwach ist. Und dieser Weg führt immer nur in eine Richtung: erschöpfungsbedingte Depression. Oder wie viele es lieber nennen: Burn-out. Der Begriff ist zwar keine offizielle Diagnose, aber klingt wieder so schön cool. Man hat wie ein Feuer gebrannt und hat jetzt bloß kein Benzin mehr. Keine große Sache, kein Grund zur Sorge, bitte gehen Sie weiter, hier gibt es keine Schwäche zu sehen.

Es folgten Monate des Leidens, der Unlust, des Nicht-aufstehen-Könnens. Eine Depression wünsche ich meinen ärgsten Feinden (wenn ich welche hätte) nicht an den Hals. Denn bevor man sie überhaupt erkennt und behandeln kann, vergeht oft viel Zeit. Um sich Hilfe zu suchen, muss man sich erst mal eingestehen, dass man sie braucht. Wenn Stärke der treibende Wert des eigenen Lebens ist, ist dies der schwerste Schritt und kann leider viel zu oft erst gegangen werden, wenn man schon ganz am Boden ist. Da war ich also, und wenn man sich jahrelang so gequält hat und das eigene Selbst- und Weltbild plötzlich wie ein Kartenhaus in sich zusammenklappt, saugt man jeden neuen Glaubenssatz wie ein Schwamm auf.

Ich verstand, wie einfach diese Krise zu vermeiden gewesen wäre, hätte ich mir eingestanden, dass ich sensibel bin. Und dass mein Leben nicht auf Aggression und der Zurschaustellung von veralteten maskulinen Verhaltensweisen hätte basieren dürfen. Und wie viel leichter meine Heilung gewesen wäre, wenn ich mir früher Hilfe geholt hätte. Plötzlich erkannte ich meine Verdrängung von Angst und Schwäche als eigentliches Übel. Ich hatte mir selbst jahrelang im Weg gestanden und verleugnet, wer ich wirklich war.

Meine Therapeutin schickte mich relativ schnell in den Urlaub, da ich diese Erkenntnis bereits in der fünften Sitzung gehabt hatte und sie glaubte, dass mir am besten geholfen wäre, wenn ich mit diesem neuen Wissen ein neues Leben ausprobieren würde. Am besten in einem Schutzraum und nicht in meinem Alltag. Drei Monate reiste ich durch Mexiko und mit jeder Sekunde wurde mir klarer, was ich mir die letzten Jahre angetan hatte. Der große Anker der Selbstverleugnung lastete nicht mehr auf meinen Schultern und ich schwörte mir, ab sofort Selbstliebe an seine Stelle zu setzen. Leichter gesagt als getan, denn die wenig förderlichen Verhaltensmuster waren tief in mir, und da sah ich zum ersten Mal den Vorteil meiner Sensibilität: Ich kann meine Emotionen, wenn ich es denn zulasse, sehr gut wahrnehmen.

Was vielen (hoch)sensiblen Menschen vielleicht wie eine Belastung vorkommt, ist in Wahrheit ein wichtiges Werkzeug. Wenn man die eigenen Gefühle so konkret abrufen kann, muss man nur noch lernen, sich nicht von ihnen überwältigen zu lassen. Schafft man das, ist es ein Segen. Ich lernte, meine Emotionen als das wahrzunehmen, was sie sind: wichtige Informationen. Informationen, deren Verdrängung gefährlich ist; das hatte ich ja auf die harte Tour gelernt. Und was hilft gegen die Verdrängung der eigenen Gefühle und Bedürfnisse? Achtsamkeit. Das Sich-selbst-Betrachten, ohne sich zu be- oder gar verurteilen. Das aufmerksame In-sich-Horchen. Und zu dieser Technik habe ich dank Sensibilität einen besonderen Draht. Dank ihr kann ich meine Emotionen gut wahrnehmen und dank der guten Wahrnehmung kann ich mit meiner Sensibilität gut umgehen. Denn die große Einschränkung, die eine erhöhte Verletzlichkeit im Alltag mit sich bringt, ist die plötzliche Überforderung durch zu starke Eindrücke. Wenn ich aber achtsam durch die Welt gehe, lerne ich mich selbst kennen und kann auf meine Bedürfnisse achten.

Für mich bilden Sensibilität, Achtsamkeit und Selbsterkenntnis deswegen eine sich positiv bedingende Dreiecksbeziehung. Oder wenn man es doch gern martialisch ausdrücken möchte: Es ist ein wirksamer Dreizack. Jede Spitze für sich scheint keinen großen Nutzen zu haben, zusammen ergeben sie eine mächtige Waffe, wenn man denn lernt, mit ihr umzugehen.

Und dieses Umgehen-Lernen ist ein langer Prozess, an dessen Ende ich auch noch nicht angelangt bin. Denn wenn man die eigene Sensibilität akzeptiert und sich nicht in falsche Stärke flüchtet, scheint eine Art Schutzschild zu fehlen. Das Ignorieren von Problemen und Angst war plötzlich keine Option mehr für mich, ich wollte diese vermeintliche neue Schwäche zulassen, um nicht wieder an meiner Selbstverleugnung zu zerbrechen. Und das ist meine zweite Lektion: Meine Emotionen muss ich benennen können, so richtig mit einem Begriff, damit ich ihnen nicht hilflos ausgeliefert bin. Ganz praxisbezogen sieht das so aus, dass ich so oft wie möglich in mich horche; also die klassischste Achtsamkeitsübung überhaupt. Das mache ich an guten Tagen jede Stunde, an stressigen Tagen gar nicht (einer der vielen Gründe, warum Stress für mich mit der schlimmste Zustand von allen ist). Dann frage ich mich kurz: »Was fühle ich gerade?« Und das geht Tag für Tag besser. Anfangs konnte ich maximal zwischen gut und schlecht unterscheiden, heute klingt die Stimme in meinem Kopf eher so: »Ich bin ein bisschen müde. Ich bin ein bisschen genervt, weil ich meine Wohnung streichen wollte. Ich bin etwas ängstlich, weil nächste Woche so viel ansteht. Ich bin vorfreudig, weil ich so langsam meinen Urlaub plane. Oh, und ich bin ziemlich durstig. Und ich bin ein bisschen unkonzentriert, weil ich gedanklich gerade zwischen drei Projekten springe. Oder vielleicht eher wegen des Durstes?« Das dauert circa 20 Sekunden. Dabei bewerte ich nichts. Es ist okay, dass ich müde, etwas genervt, etwas ängstlich bin. Fertig. Weiter geht der Tag.

Wenn ich etwas mehr Zeit habe, passt dazu noch ein kleiner Bodyscan, bei dem ich kurz von Kopf bis Fuß gedanklich durch meinen Körper wandere. Wer sich auskennt, ahnt jetzt schon, dass hier die Grenze zwischen Achtsamkeit und Meditation fließend ist. Das bringt mich ins Hier und Jetzt. Und sogar die Wissenschaft bescheinigt dieser Art der angewandten Achtsamkeit positive Effekte: Menschen, die mit diesen kleinen Achtsamkeitsübungen das Tempo aus dem Alltag nehmen und sich kurz Klarheit über ihre Emotionen verschaffen, zeigen schon nach drei Monaten die gleichen Veränderungen ihrer Gehirnströme wie buddhistische Mönche, die 20 Jahre lang jeden Tag meditieren. Gerade für (hoch)sensible Menschen halte ich diese Technik für eins der wichtigsten Werkzeuge überhaupt.

Und jahrelang habe ich mich gefragt, was denn konkret damit gemeint ist, im Hier und Jetzt zu leben. Ich dachte immer, es geht darum, jeden Moment absolut glücklich und in vollen Zügen auszukosten. Daran bin ich wie so viele natürlich kläglich gescheitert und heute glaube ich, damit ist eher diese Art der Achtsamkeit gemeint: Es geht nicht um die Fixierung auf absolutes Glück in jedem Moment, sondern um das kurze In-sich-Horchen, darum, den Moment wahrzunehmen. Das klingt nicht sonderlich spektakulär, aber für mich ist es eine größere Bereicherung als diese zwanghafte Fixierung auf hedonistische Momente wie sie mir »Der Club der toten Dichter« einprügeln wollte.

Diese Art der Achtsamkeit praktiziere ich nun seit drei Jahren, und meine dritte Lektion zu lernen, hat genau so lange gebraucht und mich am meisten überrascht. Kommen wir dazu kurz zurück zu den wütenden Männern im Fitnessstudio. Früher habe ich all diese Menschen als Konkurrenz oder Bedrohung wahrgenommen. Da ich ja eigentlich schon immer sensibel war und man das mit gespielter Stärke nicht verdrängen kann, hat mich jede Darstellung von übertriebener Härte stark belastet und dazu motiviert, noch mehr Härte zu demonstrieren.

Heute kann ich dieses Verhalten durchschauen. Und – wer hätte das gedacht? – besser damit umgehen. Während ich früher nur Wut für jede Art von provozierender Stärke übrig hatte, was einen langen Tag in Berlin damit sehr anstrengend macht, sehe ich heute nur die verdrängte Sensibilität dahinter. Bei jeder knallenden Hantel, bei jedem quietschenden Reifen, bei jedem Witz über Männer ohne Bärte denke ich nun: »Das ist kein Angriff, sondern eine Verteidigung. Eigentlich willst du doch Suppe und auf den Arm.« Durch das Verständnis für meine Sensibilität konnte ich also das Verhalten der anderen Menschen besser entschlüsseln und eine große Menge Frust aus meinem Leben entfernen, was mir wiederum hilft, mehr zu meiner Verletzlichkeit zu stehen. Wenn man in seinem Gegenüber nicht sofort eine Bedrohung sieht, kann man das eigene Schutzschild etwas kleiner halten und die eigene Wut, die einem selbst immer mehr schadet als den anderen, minimieren.

Eigentlich sind wir alle verletzlich und wollen Liebe. Wir unterscheiden uns nur darin, wie stark wir das Bedürfnis danach unter Hass und Provokation vergraben. Wenn wir das tun, zerbrechen wir irgendwann daran oder verrohen so stark, dass wir gar nichts mehr merken. Deswegen halte ich die Offenheit zur eigenen Sensibilität für so wichtig, auch wenn sie im Alltag eine Einschränkung darstellen kann. Aber mit dem richtigen Handwerkszeug können wir viel daraus machen. Und echte Stärke entwickeln. Die ist dann nicht so laut, aber gesünder und nachhaltiger. Hüten wir uns davor, unsere Resilienz, also unsere emotionale Widerstandsfähigkeit, durch Verdrängung zu stärken. Das funktioniert zwar eine Weile, aber schadet bewiesenermaßen mehr, als dass es hilft. Und heben wir uns unseren Kampfgeist für bessere Zwecke auf, als im Alltag oberflächlich stark wirken zu wollen.

Ich fordere nicht, dass wir für jede Art von provozierender Stärke Verständnis aufbringen. Aber wenn wir selbst unter dieser Aggression leiden und als Schutzmaßnahme immer härter werden, ist wirklich niemandem geholfen. Ein Kampf gegen echtes Unrecht geht besser, wenn wir selbst emotional stabil sind. Und besonders für hochsensible Menschen ist es daher wichtig, wenn sie eine positive Sichtweise auf ihre Sensibilität bekommen. Für mich zumindest war es keine Option, dagegen anzukämpfen.

Ich glaube, die Zeit ist reif für mehr Mut zur Sensibilität. Gerade in einer Welt, die anscheinend dazu auffordert, immer härter und widerstandsfähiger zu werden. Seit drei Jahren beschäftige ich mich mit Sensibilität und Achtsamkeit und veröffentliche Handlungsideen zu diesem Thema in meinem Buch »Ein guter Plan«. 100.000 Exemplare habe ich davon nun verkauft. Das wäre nicht möglich gewesen, wenn nicht das Bedürfnis nach dieser neuen Sichtweise, nach Zartheit, nach Achtsamkeit und Entschleunigung da gewesen wäre. Ich fordere in meinen Texten nicht dazu auf, sich einfach mal zusammenzureißen und ohne Rücksicht auf die eigene mentale Gesundheit am großen Erfolg zu arbeiten. Ich wünsche mir, dass wir eine ehrliche Beziehung zu unseren Bedürfnissen eingehen. Weil ich glaube, dass man damit auf lange Sicht mehr erreicht. Es ist okay, in der eigenen Komfortzone zu bleiben, es ist okay, sich mal freizunehmen, es ist okay, zur eigenen Sensibilität zu stehen. Nichts davon ist für mich Schwäche. Es ist eine nachhaltige, achtsame Lebenseinstellung. Leider fehlen uns passende Begriffe dafür, denn Sensibilität und Verletzlichkeit sind oft negativ besetzt. Ich nenne es Machtsamkeit. Denn Achtsamkeit und das Achten auf die eigenen Bedürfnisse können einem die Macht über das eigene Leben zurückgeben. Man muss sich nur trauen.

»Plötzlich erkannte ich meine Verdrängung von Angst und Schwäche als eigentliches Übel. Ich hatte mir selbst jahrelang im Weg gestanden und verleugnet, wer ich wirklich war.«

Joana Heinen

»Mein Zuhause ist mein sicherer Ort, an dem ich keinen Tarnumhang brauche, um unsichtbar zu sein.«

Wusstest du schon?

- Drückt sich vor Smalltalk, vergisst Geburtstage und schreibt bei WhatsApp nie zurück.
- Essgeräusche treiben sie an den Rand des Wahnsinns. Es ist lebensgefährlich, neben ihrem Schreibtisch Möhre, Apfel oder Reiswaffel zu essen.
- Sortiert und dekoriert Dinge im Haus nicht vorrangig nach Logik, sondern nach Farben und Stil.

Salatschleuder im Kopf

Mal angenommen, eine gute Fee käme zu mir und ich hätte einen Wunsch frei – ich müsste nicht lang überlegen: Ich würde mir einen Tarnumhang wünschen. Besser noch: die Fähigkeit, mich mit einem Fingerschnipps unsichtbar zu machen.

Wer mich bei einem lockeren Anlass wie einer Party kennenlernt, würde nie erahnen, was in meinem Kopf vor sich geht. Welche Gedanken und Sorgen ich mir mache und wie sehr meine Angst oder sogar mein Schamgefühl in diesem Moment verhindert, dass ich die vermeintlich lockere Situation genieße. Dass auch nur eine kleine Sache, die für mich neu oder ungeplant ist, in mir die Salatschleuder anschmeißt. So nenne ich liebevoll mein Gedankenkarussell, denn das ist mein treffendster bildlicher Vergleich.

Eigentlich ist es egal, ob geplant oder ungeplant – der Gedanke daran, eine neue Person kennenzulernen, lässt mein Herz schneller schlagen und mich an meinen Fingernägeln knibbeln. Die Schleuder fängt an zu kurbeln: Wie begrüße ich die Person? Handschlag? Wir sind doch nicht in nem Businessmeeting. Umarmen? Zu intim, fast schon familiär. Küsschen rechts und links? Horror! Küsschen rechts, links, rechts – oder fängt man links an? Unfassbarer Stress. Einfach winken? Peinlich. Hallo sagen und stocksteif dastehen? Für mich, um ehrlich zu sein, hinter *sofort weglaufen* die beste Option. Aber das würde mich ja als die verkorkste Person outen, die ich wirklich bin. Also los – Angriff ist die beste Verteidigung. Ein lautes Lachen und ein »Hallo, freut mich« geht doch immer – und dann kurz abwarten, welchen Move das Gegenüber zuerst andeutet. Dann aber bloß nicht missverstehen. Nicht, dass ich eine Umarmung erwarte und die Person dann rechts, links ... Aaargh! Sich dabei noch den Namen des Gegenübers zu merken, ist ein Ding der Unmöglichkeit. Ihm dann bei einer Umarmung aus Versehen auf den Fuß latschen? Erdboden, tu dich auf.

Und die Schleuder schleudert den Gedankensalat fröhlich vor sich hin – in einem Bruchteil von Sekunden und bevor überhaupt sicher ist, ob ich heute wirklich eine neue Person kennenlerne oder nicht. Und das Kennenlernen neuer Personen ist nur eine potenzielle Stresssituation auf einer Party, bei der ich mich gern mit einem Schnipps unsichtbar machen würde, um all dem zu entkommen. Darum gehe ich meistens gar nicht hin, bleibe zu Hause und lasse die Schleuder fröhlich ihren Gedankensalat durchwirbeln. Habe ich vernünftig abgesagt? Ist der Gastgeber jetzt enttäuscht von mir? Soll ich nachträglich noch ein Geschenk kaufen? Aber wie teuer soll es sein und wann soll ich es übergeben? Reicht es, per WhatsApp zu gratulieren, oder muss ich das noch mal persönlich ...? Schleuder, schleuder, schleuder.

Es ist zum Wahnsinnigwerden. In meinem Kopf ist es nie still. Manchmal habe ich das Gefühl, ich habe zu viel in meinem Kopf. Zu viel für eine Person – der ganze Gedankensalat würde auch locker für mehrere Menschen reichen. Gedanken, Emotionen und Sorgen, von allem immer zu viel. Und immer dieses Schamgefühl. Immer diese Angst, etwas könnte peinlich werden oder jemand könnte schlecht über mich denken. Woher das kommt? Keine Ahnung, das war schon immer da. Mit dieser Sorge im Nacken werden die kleinsten Alltagssituationen für mich zu einer großen Sache: Ab welcher Entfernung grüßt man sich, wenn man sich in der Stadt trifft – und wie? Worüber unterhält man sich? Ab wie vielen Sekunden Kleingeldkramerei finden einen Leute in der Supermarktkassenschlange nervig? Ob die Person, die hinter mir auf diese öffentliche Toilette geht, denken könnte, dass der eklige Tampon hier auf dem Boden von mir ist? Lieber mal verschwinden lassen. Ist dieser Stuhl im Sprechzimmer der Ärztin wohl eher für die Begleitung oder den Patienten gedacht, wo setze ich mich hin? Ob die Leute im Supermarkt mich für verwirrt halten, wenn ich noch einmal an diesem Regal vorbeigehe? Ob ich im Eiscafé aufs Klo gehen kann, obwohl ich an der Theke vorbeimuss und die Leute gar nicht wissen können, dass ich gerade auf der Außenterrasse ein Eis bestellt und gegessen habe? Ich bin ja hier Gast, aber die haben mich noch gar nicht gesehen.

Ob die Verkäuferin denkt, ich hätte die Kreditkarte geklaut, wenn ich vor dem Eintippen der PIN zu lange überlege?

All solche Fragen schwirren mir bei sämtlichen stinknormalen Alltagssituationen im Kopf herum. Wenn dann wirklich mal etwas passiert, würde ich am liebsten sofort losweinen. Weil ich einen Arzttermin verbummelt habe, irgendwo zehn Minuten zu spät komme oder den Namen von jemandem falsch ausgesprochen habe. Schnipps, unsichtbar. Das wär so schön.

Ich bewundere Menschen, die beim Einparken ruhig bleiben, obwohl schon ein Auto hinter ihnen wartet. Ich bekomme dann Panik, gebe den Parkplatz meist auf und fahre noch einmal um den Block. Das fühlt sich jedes Mal an wie eine Mini-Niederlage. Ich habe mal in der Stadt einen Parkplatz ergattert und wurde beim Aussteigen von einer Frau beschimpft, die angeblich im Auto gesessen und schon länger auf diesen freien Platz gewartet hatte. Ich sei frech und dreist, unerhört. Ich bin innerlich in Schockstarre gefallen, habe sie angesehen, gelächelt, »Oh, wusste ich nicht, tut mir leid« gesagt und bin weitergegangen. Das war ein Überlebensreflex. Der Tag war für mich gelaufen. Eigentlich die ganze Woche. Mein ganzes Leben. Was ich in der Stadt wollte? Keine Ahnung, ist mir entfallen. Ich musste über diese Situation nachdenken, immer und immer wieder. Endlose Scham. Ob sie sich mein Gesicht eingeprägt hat?

Ich nehme auch lieber den Weg zur Arztpraxis auf mich, um mir ein Rezept ausstellen zu lassen, statt mal eben anzurufen. Weil ich bei Telefonaten ständig Angst habe, mein Gegenüber nicht zu verstehen, etwas Falsches zu sagen, zu stammeln oder oder oder. Ich muss mein Gegenüber einfach sehen und einschätzen können – und mein Gegenüber soll mich sehen können. Ich fülle online komplizierte Formulare aus, um Pizza zu bestellen, und ich pule in Feinstarbeit die Pilze aus meinem Essen, statt es beim Kellner direkt ohne sie zu ordern. Bloß keine Extrawurst, keine Umstände, keine Aufmerksamkeit – ich bin gar nicht da!

Wer mich übrigens richtig quälen will, springt mit mir als Beifahrerin kurz aus dem Auto, während es im Halteverbot steht, ruft noch hinterher: »Bin in einer Minute wieder da!« – und bleibt dann gefühlte 3.456 Minuten weg, in denen ich Todesängste durchstehe.

So ein Leben zu führen, ist anstrengend, denn solche Gedanken rauben mir an manch einem Tag den Spaß an etwas, das ich eigentlich genießen sollte. Einem Ausflug, einer Party, einem Urlaub. In meinem Kopf wird fröhlich der Gedankensalat geschleudert und ich kann nichts dagegen tun. Man kann mir noch so oft sagen: »Mensch, Joana, das ist doch überhaupt kein Problem! Das ist doch niemandem aufgefallen!« – für mich sind und bleiben manche Alltagssituationen einfach schwerer als für andere.

Es hilft mir unheimlich, mich Leuten anzuvertrauen und über die Dinge zu sprechen, die mir schwerfallen. Das sind dann oft Situationen, in denen Leute total ungläubig reagieren, weil sie diese Unsicherheit nie von mir erwartet hätten. Es ist mir wichtig, mich mit Menschen zu umgeben, die meine Macken kennen und mich annehmen, wie ich bin, ohne ständig an meinen *Baustellen* arbeiten zu wollen. Würde mir jemand sagen: »Stell dich nicht so an, du sollst doch nur beim Pizzamann anrufen. Mach dich nicht lächerlich« – den würde ich sofort vor die Tür setzen. Es gibt für mich einen gewaltigen Unterschied, ob ich mich selbst zu etwas zwinge oder ob andere das tun. So was verletzt und hinterlässt Spuren. Das lasse ich mir auf keinen Fall gefallen; auch Sensibelchen können hart sein und Beziehungen beenden oder Freundschaften kündigen. Frei nach dem Motto: Was mich nicht glücklich macht, kann weg.

Es gibt gute und schlechte Tage und ich muss es einfach nur schaffen, mein Leben nach genau diesen Tagen zu organisieren. An guten Tagen schaffe ich es sogar manchmal, über meinen Schatten zu springen. Dann wache ich morgens auf und habe dieses Gefühl, heute stark zu sein. Ganz nach dem Motto »Augen zu und durch« versuche ich dann, meine Unsicherheit zu ignorieren und die Aufgaben sofort anzugehen. Telefonate, Besorgungen, blöde Aufgaben – oft bin ich dann richtig im Tunnel und kann gar nicht mehr aufhören, weil jeder weitere Haken auf meiner Liste mir einen weiteren Energieschub gibt und in mir Adrenalin und Glückshormone sprudeln. Einen solchen Tag hatte ich in der neunten Klasse, als die Klassenzimmertür aufging und nach einem Schüler gesucht wurde, der am nächsten Tag einen zweiwöchigen Schüleraustausch in Polen antreten will. Ein anderer Schüler war krankheitsbedingt ausgefallen. Ich habe mich gemeldet und saß schon im Reisebus, bevor mein Gedankensalat sich zu Wort melden konnte. Es waren ganz fantastische zwei Wochen. Ich frage mich dann immer, warum ich es nicht jeden Tag schaffe, die Dinge einfach zu machen. Ich gehe nach so einem Tag zufrieden ins Bett und bin mir sicher, dass der morgige Tag genauso wird. Am nächsten Morgen erwache ich dann aus meinem Rausch und weiß genau, dass mir heute wieder alles viel zu viel ist. Dann bin ich froh darüber, in einem freistehenden Häuschen auf dem Land zu wohnen, keinem Menschen zu begegnen und einfach nur für mich zu sein. Mein Zuhause ist mein sicherer Ort, an dem ich keinen Tarnumhang brauche, um unsichtbar zu sein.

Im Laufe der letzten Jahre habe ich mich immer besser kennen- und auch lieben gelernt. Ich bin mit mir im Reinen und habe einfach akzeptiert, dass mir manche Aufgaben und Situationen schwerfallen, über die andere gar nicht groß nachdenken. Ich kann immer wieder an mir arbeiten, aber ich muss mich für niemanden ändern.

Was mir in Situationen hilft, in denen ich mich mal wieder für irgendetwas schäme? Ich stelle mir vor, es wäre noch eine weitere Person als neutraler Beobachter bei der vermeintlich peinlichen Situation dabei. Würde diese Person die Situation auch als peinlich einschätzen? Vermutlich nicht.

Außerdem schreibe ich in einem »Abenteuerbuch« kleine Alltagssituationen auf, die für mich Abenteuer sind und die ich gemeistert habe. Ein erfolgreich getätigter Anruf, den ich schon so lange aufgeschoben habe und jetzt endlich abhaken kann. Ein Event, das ich eigentlich spontan absagen wollte – Kopfschmerzen und so –, aber dann doch besucht und genossen habe. Ein persönliches Treffen mit dem netten Mädel, mit dem ich schon seit Wochen bei Instagram schreibe. Lauter kleine persönliche Erfolge, die mich richtig glücklich gemacht haben.

Ich weiß mittlerweile ganz gut, was mir guttut und was nicht, und ich habe aufgehört, mich zu verstellen, um gemocht zu werden.

Ich telefoniere bis auf kleine Ausnahmen nicht – und das sage ich Menschen auch, die telefonisch etwas mit mir abklären wollen. Das hat mich am Anfang meiner Selbstständigkeit den ein oder anderen Auftrag gekostet, aber das habe ich durchgezogen. Ich sage Networking-Veranstaltungen freundlich ab und bin auch für Podcasts oder Videos nur sehr selten zu haben. Ich fahre zu Terminen grundsätzlich viel zu früh los, um mich bei der Parkplatzsuche nicht zu stressen, und ich vereinbare Arzttermine zur Kontrolle schon immer direkt nach meinem Termin persönlich am Tresen – auch wenn sie mehrere Monate in der Zukunft liegen. Ich habe das Geld an der Supermarktkasse meist schon exakt abgezählt parat oder die PIN als Notiz auf meinem Handy geöffnet, um vorher noch einmal kurz nachschauen zu können, wenn ich mit der Karte zahlen will. Viele, viele kleine Vermeidungstaktiken, die ich im Alltag anwende, um die von mir als kritisch eingestuften Situationen reibungslos, stressfrei und ohne aufzufallen zu meistern.

Ich habe lange dafür gebraucht, aber mittlerweile weiß ich: Es ist okay, wenn mich andere Leute seltsam finden. Es ist okay, gerne zu Hause zu sein. Es ist okay, sensibel zu sein – denn genau diese rücksichtsvolle und harmoniebedürftige

Art macht mich ganz besonders liebenswert für all die Menschen, die es erst mal bis zum ersten Kennenlernen geschafft haben.

»Es gibt für mich einen gewaltigen Unterschied, ob ich mich selbst zu etwas zwinge oder ob andere das tun. So was verletzt und hinterlässt Spuren.«

Kea von Garnier

»Ohne die Last der Scham kann auch eine Seele mit Sprung wieder Leichtigkeit erfahren.«

Wusstest du schon?

- Kea lebt und arbeitet als freiberufliche Grafikerin und Texterin in Berlin.
- Die zweifache Katzenmama würde gerne mal dinieren mit Rainer Maria Rilke, Virginia Woolf und Thích Nhất Hạnh.
- Unter der Dusche singt sie laut, nicht schief – bis heute gab es keine Beschwerden seitens der Nachbar*innen.

Seele mit Handicap

Psychische Erkrankungen sind keine Schwäche – Wie ich lernte, offen mit Angst, Depression und Borderline zu leben

Es ist kurz vor den Winterferien. Die Sonne scheint durch die von Fingerabdrücken übersäten Fenster des Schulfoyers. Eine Klasse aus der Unterstufe kommt verschwitzt und rotwangig vom Sportunterricht und verschwindet lachend und lärmend in den Umkleiden. Die Heizung bollert, der Hausmeister repariert einen defekten Spind. Stille senkt sich über das Gebäude. Die dritte Stunde hat begonnen. Aber nicht für mich.

Ich lehne meinen Kopf an das kühle Glas der Fensterscheibe und schließe die Augen. Es rinnt mir durch die Finger – während meine Klassenkamerad*innen sich aufs Abitur vorbereiten, sich zum ersten Mal ernsthaft verlieben, ihre Abschlussfahrt planen und wahlweise von Interrail oder

der großen Karriere träumen, rinnt mir mein Leben durch die Finger wie Sand. Die zwölfte Klasse ist für mich gelaufen. Gelaufen, weil ich an zu vielen Tagen zu viel Angst habe, morgens das Haus zu verlassen. Gelaufen, weil sich, sobald sich hinter den Lehrer*innen die Tür zum Klassenzimmer schließt, unsichtbare Hände wie eine Boa Constrictor um meinen Hals legen und mir die Luft zum Atmen nehmen. Schweißausbrüche, Übelkeit, Herzrasen im Presslufthammermodus, der Boden so stabil wie Wackelpudding.

Immer dabei – die gefühlte Überzeugung, dass es jeden Moment so weit ist und ich sterben muss. Eine leise gemurmelte Entschuldigung, zwei, drei Meter zur Tür – raus, nur noch raus hier! Und dann? Leere Flure, lange Gänge, die ich besiegt und mit einem Herz aus Blei entlangtrotte. Und das sind die Tage, an denen ich es mit meinem quietschenden Fahrrad überhaupt bis in die Schule geschafft habe.

Die besorgten Blicke meiner Eltern, die Angst, zu enttäuschen, und vor allem die Scham, anders oder seltsam zu sein, werden zu vertrauten Bildern und Gefühlen. Ich bin *komisch*, ich bin die, mit der irgendwas nicht stimmt. Die nicht mit auf Partys kommt und die vom Schulausflug früher nach Hause fährt. Die einen Therapeuten besucht in einer Zeit, in der das noch gleichbedeutend ist damit, *einen an der Klatsche zu haben*. Über Angststörungen, Depressionen, Essstörungen oder über meine Emetophobie (Angst vorm Erbrechen) gibt es vor der Erfindung des Internets öffentlich kaum etwas zu lesen. Mit meinem Leben abseits der Norm fühle ich mich komplett allein.

Ich kenne es nicht anders, trotzdem spüre ich immer wieder schmerzlich den Unterschied zwischen mir und denen, die die Welt grundsätzlich als einen sicheren Ort wahrnehmen. Die nicht permanent das Gefühl haben, in ihnen schlage jede Sekunde ein Smaug die Augen auf, der nur darauf gewartet hat, Feuer zu speien und sein Drachenunwesen zu treiben.

Statt typischer Teenagersorgen um Pickel und Periode kämpfe ich jahrelang um meine Schullaufbahn, gegen bedrohliches Untergewicht und gegen die Stimmen der Angst in meinem Kopf. Verbringe Zeit in psychosomatischen Kliniken und Selbsthilfegruppen, während meine Freund*innen sich im Shoppingcenter treffen.

Und dann ist alles vorbei, mit 18. Ich kapituliere. In diesem Jahr übernehmen die Panikattacken fast vollständig das Ruder. Mein Radius wird täglich kleiner und kleiner. Ich höre auf, zur Schule zu gehen, schaffe es nicht mehr in die U-Bahn, muss aus den Warteschlangen im Supermarkt ohne Einkäufe fliehen. An den schlechtesten Tagen schaffe ich es nicht einmal mehr zu meiner Familie zum gemeinsamen Abendbrot an den Tisch. Meine Abschlussklasse zieht an mir vorbei Richtung Abitur und der einzige Termin, den ich noch regelmäßig wahrnehme, ist die Therapie, zu der meine Eltern mich hinfahren und wieder abholen müssen wie ein Kleinkind.

Meine Angst, mein Makel. Mein vermeintlicher Fehler, den ich verstecken will, über den ich nicht offen sprechen kann und der sich wie eine unsichtbare Mauer zwischen mich und die Welt gestellt hat. Zu den Angst- und Panikattacken gesellt sich die Sorge, wie ich es schaffen soll, trotz dieser Erkrankung eines Tages meinen Lebensunterhalt zu verdienen. Ich, die niemals fünf Tage am Stück zuverlässig das Haus verlassen kann. Wie soll das gehen? Wie eine dunkle Wolke ist diese Angst vor meine Zukunft gezogen.

Die Therapie zeigt erste Erfolge. Ich wiederhole die zwölfte Klasse, ich schaffe es durch das Abitur, ich beginne sogar ein Studium, ziehe von zu Hause aus. Aber was im Kindergarten und der Schule passiert ist, passiert auch in den Vorlesungen, bei Kinobesuchen und Familienfeiern, auf Konzerten oder dem Versuch, mit meinem ersten Freund in den Urlaub zu fahren. Ein Korsett aus Angst schnürt sich fest und unnachgiebig um mich. Auch wenn es mir wieder möglich ist, irgendwie am Leben teilzunehmen – die massiven Ängste bleiben Teil eines jeden Tages. Was von außen an vielen Stellen wieder normal wirkt, bleibt für mich ein unglaublich anstrengender Marathon. Manchmal bin ich am Abend so erschöpft davon, mehrmals täglich die Angst niedergekämpft zu haben, dass ich mit zitternden Knien und brennenden Augen um 20 Uhr ins Bett gehe. Notgedrungen mache ich mich deshalb direkt nach dem Studium als Grafikerin und Texterin selbstständig. Eine Festanstellung? Noch immer undenkbar. Ich bin kreativ, leistungsstark – aber an schlechten Tagen scheitere ich immer noch am Gang aus der Wohnungstür. Das Vertrauen in meinen Körper und die Welt steht auf brüchigem Fundament. Im Homeoffice kann ich mir meine Auszeiten nehmen, ohne dass meine Kund*innen etwas davon mitbekommen. Ich kann Rücksicht nehmen auf akute Krisen und meinen oft unausgeglichenen Energiehaushalt.

Huckepack hat dieses freiberufliche Arbeiten aber natürlich die Existenzangst im Schlepptau. Sich von Auftrag zu Auftrag zu hangeln, fordert mir manchmal mehr Mut ab, als ich übrighabe. Der Versuch, Erkrankung und Erwerbstätigkeit irgendwie miteinander zu vereinbaren, ist ein zähes Ringen um kleine Inseln von Leichtigkeit. All die Zeit nährt mich die Hoffnung auf ein Danach, auf bessere Zeiten. Als ich rund um meinen 30. Geburtstag realisiere, dass der Tag X, ab dem ich dachte, dass ich mich völlig normal fühlen würde – oder zumindest so normal wie all die anderen Menschen, denen nicht jede getroffene Verabredung eine Höllenangst macht –, eventuell niemals eintreten wird, bin ich tief erschüttert. Wird die Angst meine ewige Begleiterin sein, treuer als jeder Golden Retriever? Möglicherweise werde ich nie im Sinne des Arbeitsmarkts *verwertbar* sein. Niemals komplett unabhängig, sondern immer darauf angewiesen, dass andere mich in Krisenzeiten unterstützen. In einer Gesellschaft, in der richtiges Funktionieren einen hohen Stellenwert genießt, kein angenehmer Gedanke. Ehemalige Kommiliton*innen sind längst an diesem ominösen Ort namens *Mitten im Leben* angekommen. Bringen Geld nach Hause, kaufen Einbauküchen und fahren dreimal im Jahr in den Urlaub.

Ich hingegen stehe mit dem Gesicht vor einer Wand, die ich nicht durchdringen und über die ich allenfalls hin und wieder einen sehnsüchtigen Blick werfen kann. Immer mit der Befürchtung, hinter meiner Barriere entdeckt und für schwach gehalten zu werden. Ich werde der Ausflüchte und Notlügen immer müder – ich habe nicht die gleichen Startvoraussetzungen ins Leben wie andere, warum glaube ich dann, ich müsse dasselbe Pensum leisten? Es lässt auch niemand ein Shetlandpony gegen ein arabisches Vollblut auf die Rennbahn. Als ich erkenne, dass ich mich wohl ewig an dieser unsichtbaren Mauer abarbeiten und dabei völlig erschöpfen kann, tue ich das Einzige, das mir übrig bleibt: Ich drehe mich um und beende das Versteckspiel.

Im Dezember 2016, kurz vor Weihnachten, mache ich mir ein Geschenk der anderen Art: Ich wandele meinen Blog, den ich ursprünglich als handelsüblichen Interior-Design-Blog gestartet hatte, in eine Seite um, auf der ich mich als die Person zeige, die ich bin. Mit meiner Geschichte, mit meinen Ängsten, auf meinem Heilungsweg. Denn auch wenn es unbequem ist: Der Umgang mit psychischem Handicap gehört zu meinem Leben. Also zerre ich meine seelischen Erkrankungen aus ihrer dunklen Ecke hervor und gehe in die Offensive. Ich schreibe einen schonungslosen Artikel über meine Angststörung und ihre Folgen. Schon beim Tippen bekomme ich angstkalte Finger, aber ich spüre auch: Etwas muss sich ändern. Ich will nicht mehr all meine Energie darauf verwenden, eine Fassade zu wahren. Schließlich nehme ich all meinen Mut zusammen – und drücke auf *Veröffentlichen.* In meinem Kopf spielen wilde Befürchtungen Pingpong: Ist das zu privat? Was wage ich da? Was werden potenzielle Kund*innen denken, die mich googeln? Prangt ab jetzt in leuchtend roten Buchstaben das Siegel *Verrückt* auf meiner Stirn? Werden ab jetzt alle in mir nur noch die Krankheit sehen?

Ich muss nicht lange auf Feedback warten. Die Reaktionen sind überwältigend. Mich erreichen unzählige Nachrichten von erleichterten Betroffenen und Angehörigen. »Danke, dass ich mich nicht mehr so alleine fühlen muss«, lautet der Tenor. Denn obwohl wir heutzutage mit dem Internet die Möglichkeit haben, uns auch über Depressionen, Ängste und andere psychische Erkrankungen auszutauschen: In den sozialen Netzwerken, in denen wir einen Großteil der Online-Zeit verbringen, sieht das Leben der anderen meist schwerelos aus. Mein Artikel trifft einen Nerv und bis heute ermutigt mein Blog andere Betroffene dazu, aus der Isolation und Scham, die psychische Erkrankungen oft begleiten, herauszutreten. Das ist ein wunderbares Geschenk, eine unverhofft schöne Nebenwirkung meiner eigenen Krankheitsgeschichte. Selbst meine Befürchtung, der offene Umgang mit meiner Erkrankung könnte sich negativ auf meinen Beruf auswirken, ist unbegründet. Kund*innen, die nach und nach von meinem digitalen Engagement erfahren, unterstützen mich. Die vermutete Katastrophe bleibt aus, stattdessen entstehen sehr warme und herzliche Gespräche und ein Kontakt, der schöner und bereichernder ist als zu den Zeiten, in denen ich versuchte, die makellos toughe Selbstständige zu mimen.

Mit meiner Geschichte an die Öffentlichkeit zu gehen, war eine der wichtigsten und besten Entscheidungen meines Lebens. Indem ich das Scheinwerferlicht auf meine psychischen Erkrankungen gerichtet habe, habe ich ihnen einen Teil ihrer Macht genommen. Unter dem Leitspruch »Worte für sozialen Wandel« schreibe ich auf meinem Blog und auf Instagram inzwischen ganz offen über meinen Alltag mit meinen Erkrankungen. Über Fortschritte und Rückschläge, über Therapien und Erkenntnisse und darüber, wie man während des Genesungsprozesses liebevoll mit sich selbst umgehen kann.

Ich glaube daran, dass es eines Tages möglich sein wird, über seelische Erkrankungen genauso selbstverständlich zu sprechen wie über körperliche Beeinträchtigungen. Das Selbstbewusstsein vieler Menschen, die nicht normal *funktionieren,* ist schwer ramponiert, weil unsere Gesellschaft seelischen Krisen und Erkrankungen den Stempel der Schwäche aufgedrückt hat. Obwohl es, im Gegenteil, besonders viel Stärke erfordert, mit einem solchen Handicap durchs Leben zu gehen.

Wer mit psychischen Erkrankungen kämpft, hat oft Brüche im Lebenslauf, muss Umwege nehmen und nach flexiblen Lösungen für sich suchen – und erwirbt so auch Resilienz, entwickelt Empathie, wächst über sich hinaus. Menschen mit Ängsten und Depressionen sind oft außergewöhnlich belastbar, einfach weil sie es sein müssen, um dem Alltag standzuhalten. Ich möchte am Klischee der immer traurigen, lethargischen Person mit psychischer Erkrankung rütteln. Denn es gibt nicht DAS Gesicht der Depression. Menschen mit Depressionen lachen, leben, weinen, kämpfen. Wir begegnen ihnen jeden Tag. Sie fahren nicht auf irgendeinem Nebengleis durchs Leben, sie sind Teil der Gesellschaft.

Deshalb habe ich die Aktion #seelenstark auf Instagram ins Leben gerufen. Unter diesem Hashtag posten Betroffene ihre Erfolge und Fortschritte, um sich immer wieder daran zu erinnern, dass es auch mit psychischen Erkrankungen möglich ist, an Zielen zu arbeiten und Träume zu erreichen. Für alle, die das Morgentief der Depression schon bei Sonnenaufgang an der Bettkante begrüßt, gibt es außerdem das Hashtag #gutenmorgenseele. Hier teilen wir Bilder unserer Morgenspaziergänge, die sich als wirksames

Mittel gegen trübe Gedankenschleifen erwiesen haben. Wer noch im Bett liegt, wird so motiviert, sich vielleicht doch noch behutsam an den Tag heranzuwagen.

Ich wünsche mir eine Gesellschaft, in der es mehr Hilfsangebote und mehr Wissen über seelische Erkrankungen gibt. Eine Gesellschaft, die alternative und flexible Arbeitsmodelle und eine offene Gesprächskultur bietet, um Menschen, die psychisch gehandicapt sind, dabei zu helfen, ihr Leben zu gestalten und gegebenenfalls erwerbsfähig zu werden oder zu bleiben. Natürlich nicht im Sinne einer *bestmöglichen Verwertbarkeit.* Hier hält die steigende Zahl psychischer Erkrankungen uns den Spiegel vor und hinterfragt unsere gesellschaftlichen Werte und Normen: Menschen gelten (noch) vor allem dann als vollwertige Mitglieder der Gesellschaft, wenn sie sich geschmeidig und möglichst klaglos in eine 40-Stunden-Woche einfügen und die monetären Mittel erwerben, um *mitzuhalten.* Psychische Erkrankungen, die immer noch und immer wieder als persönliche Schwäche gelesen werden, stören diese Doktrin eines kapitalistischen Systems, in dem Menschen vor allem funktionieren sollen und ihr Wert viel zu eng an ihre Arbeits- und Kaufkraft geknüpft wird.
Das Tabu rund um psychische Erkrankungen abzubauen, ist noch ein langer Weg. Für mich persönlich trägt der offene Umgang mit diesem Thema aber bereits Früchte. Natürlich hat er mich nicht von meinen Erkrankungen befreit – wohl aber von der Scham, die damit lange verbunden war. Heute kann ich offen darüber sprechen, wenn ich in einer stressigen Situation, etwa während eines Treffens, möglicherweise eine Panikattacke erlebe. Dass ich dann kurz vor die Tür muss, um ein paar Atemübungen

zu machen. Dadurch entfällt die Angst vor der Angst und das Auftreten einer Attacke wird unwahrscheinlicher.

Dieser Umgang mit meiner besonderen Ausstattung hat meinen Rucksack erheblich leichter gemacht. Dabei fühle ich mich nicht permanent glücklich und sorgenfrei – was auch kein seelisch gesunder Mensch tut. Ebbe und Flut, Auf und Ab, Fort- und Rückschritt gehören zum Menschsein eben dazu. Ich halte nichts von diesen Happy-Hippo-Botschaften, die uns auf allen Social-Media-Kanälen entgegensuppen und uns weismachen wollen, dass das Leben nur aus einer Aneinanderreihung von Highlights und Erfolgen besteht.

Wenn wir miteinander über unsere echten Gefühle und auch die dunkelvioletten Nuancen sprechen, erfahren wir Verbindung, Wärme und echtes Miteinander – ob analog oder digital. Eine echte Gefühlsinklusion, ohne Angst vor den Tiefen, die menschliches Seelenleben eben auch haben kann. Bedenkt man, dass knapp ein Drittel der deutschen Bevölkerung im Verlauf eines Jahres an einer psychischen Erkrankung leidet, wird das höchste Zeit. Ohne die Last der Scham kann auch eine Seele mit Sprung wieder Leichtigkeit erfahren.

»Ich glaube daran, dass es eines Tages möglich sein wird, über seelische Erkrankungen genauso selbstverständlich zu sprechen wie über körperliche Beeinträchtigungen.«

Maria Christina Gabriel

»Auf Lebensreisen wie dieser, das ist mir heute klar, gibt es keine Richtung, keine Checklisten, kein Schwarz-Weiß.«

Wusstest du schon?

- Arbeitet als spirituelle Mentorin und ist Gründerin von Power of Ceremony, wo es um Energiearbeit geht.
- Auch wenn ihre Wurzeln in Deutschland liegen, sieht sie sich eher als Weltenbürgerin.
- Sie war zwar schon auf dem Mount Everest, allerdings sind die Berge des Alltags manchmal die größeren Herausforderungen für sie.

Meine Angst vor dem Tod

Es ist unglaublich kalt. Eine Kälte, an die sich mein Körper noch Jahre später so tief erinnern wird, dass ich eine Gänsehaut beim Gedanken daran bekomme. Es ist das erste Mal in meinem Leben, dass ich auf einer Intensivstation bin. Die Hektik der umherlaufenden Pfleger, das Piepsen und Blinken der vielen grauen Geräte, das alles wird ganz still, als ich um die Ecke ins Zimmer blicke und meine Mutter sehe. Sie liegt auf einer schmalen Pritsche. Bunte Schläuche liegen um und auf ihrem Körper und führen hinauf zu einer Armada an Gerätschaften am Kopfende des Bettes. Ihre schmalen Beine stecken in weißen Kompressionsstrümpfen und wirken seltsam lang. Darüber kräuselt sich ein Korsett mit Klettverschluss, aus dem besonders dicke Schläuche kommen. Der Urinbeutel am Ende ihres Katheters ist fast vollgelaufen.

Falsch. Alles wirkt falsch an diesem Bild. Unecht. Mir stockt der Atem, als ich langsam ins Zimmer gehe. Beim Näherkommen erkenne ich, was so fremd an diesem Anblick ist: Meine Mama sieht nicht mehr aus, wie ich sie kenne. Das Gesicht eigenartig verschoben, ihre schmalen Augenlider verquollen und kaum erkennbar unter der schwammig geschwollenen Haut. Der helle Schlauch unter ihrer Nase stützt ihren schwachen Atem. Der grüne in ihrem Mund führt zu einer Magensonde tief in ihrem Inneren. Ich denke: So sieht man also nach einer Neun-Stunden-OP aus. Unwirklich. Auf wackeligen Beinen stehe ich an ihrer Seite. Erst jetzt wird mir bewusst, dass ich Angst habe, sie zu berühren. Angst vor der Kälte ihrer Haut. Dass sie sich nicht mehr wie sie anfühlt. Oder nicht länger riecht wie die Haut meiner Mama. Alles in diesem Raum erscheint mir fremd – selbst sie.

Ich spüre, wie die Tränen in mir aufsteigen, als ein Team von Ärzten und Schwestern in den Raum marschiert. Ich versuche, den Knoten in meinem Hals herunterzuschlucken. Er bewegt sich nicht einen Millimeter. Meine Mama hat die OP gut überstanden. Es ist die zweite in wenigen Tagen. Die Diagnose könnte schlimmer nicht sein: Krebs im Endstadium. Ein fast handgroßer Tumor hat sich still und heimlich in ihrer Gebärmutter ausgebreitet. Mit genügend Zeit zur Verfügung auch noch gestreut. Das schreckliche Wort, das man nach dem überschrecklichen Wort *Krebs* auf keinen Fall hören will. Die Stoßgebete haben nicht gereicht. Ihr Lymphgewebe war übersäht von Krebszellen. Gebärmutter, Eierstöcke, Teile ihrer Bauchdecke – alles in der letzten OP entfernt. Die gute Nachricht, sagt der Arzt, sei, dass kein weiteres Organ vom Krebs befallen sei.

Das erhöhe die Chancen. Seine Worte erscheinen mir seltsam neutral. Abstrakt. Als würde es hier ums Gewinnen bei Monopoly gehen. Ich schaue auf meine Mama, die schwach und zerbrechlich aussieht. Ihr Anblick ist das Gegenteil von *gut überstanden*. Doch ich bringe nicht den Mut auf, das auszusprechen.

Seit Jahren habe ich sehr bewusst keinen Fuß in ein Krankenhaus gesetzt. Wenn man wie ich intensiv mit der Welt und den Menschen fühlt, können bereits wenige Momente in der Hektik, Anspannung und Qualen einer Intensivstation eine Tsunamiwelle an Emotionen freisetzen. Meine feinen Antennen nehmen die medizinischen Gerüche, das grelle Licht, Piepsgeräusche und vor allem die vielfältigen Emotionen der Patienten um ein Vielfaches verstärkt auf. Allein der Begriff *Krankenhaus* widerstrebt meinen Prinzipien zutiefst. Die Energie dieses Wortes symbolisiert alles, worum es hier nicht gehen soll. Mit Kranken in einem Haus liegen. Das Ziel ist es doch, gesund zu werden. Warum also nicht Heilstätte, Regenerationshaus oder Gesundzentrum?

Eine der Schwestern bringt mir einen Klappstuhl ins Zimmer. Heute muss ich über dieses Symbol an Instabilität lachen. Genauso wackelig fühle auch ich mich. Der Klappstuhl begleitet mich, seit ich vor drei Wochen aus New York City, meinem Zuhause, für einen Heimatbesuch zu meinen Eltern in den Ruhrpott gekommen bin. Ich freute mich tierisch, alle endlich wiederzusehen. Gemeinsam ein paar schöne Tage zu verbringen. Mit meinem Patenkind ins Phantasialand zu fahren, den Sommer beim Grillfest mit der Familie zu genießen. Es war August und

Bombenwetter. Nur eine kleine Untersuchung stand für meine Mama an, zu der ich sie mehr aus Langeweile begleitete. Ich war mit ihr im Untersuchungsraum, als es plötzlich ganz still wurde. Der Arzt war noch mit dem Ultraschall beschäftigt, als er der anwesenden Krankenschwester etwas von einem Befund und einer Größe von acht Zentimetern meldete. Laut tippte diese alles in den Computer ein und für mich schienen Zeit und Raum für einen Moment lang wie eingefroren. Meine Stimme klang seltsam fremd, als ich mich einmischte und fragte: »Entschuldigung, haben Sie gerade gesagt, dass Sie etwas von acht Zentimetern Größe gefunden haben?« Ich werde diesen Moment mein Leben lang nicht vergessen. Meine Mama zog sich noch hinter dem Raumtrenner aus Milchglas an, während der Arzt uns erklärte, dass ein Befund dieser Größe vermutlich gutartig sei. Sicherheitshalber würde man aber die Gewebeprobe einschicken. Wir sollten uns keine Sorgen machen. Wirklich nicht. Das war der Anfang. Danach war nichts mehr wie vorher. Drei Tage später folgte die erste OP. Ich ließ meinen Rückflug nach New York sausen. Mein Mann war auf der anderen Seite der Welt. Ich in meinem alten Kinderzimmer untergebracht. Ich spürte den Ausnahmezustand auf allen Ebenen meines Seins.

Die Tage im Krankenhaus sind von Ungeduld geprägt. Warten auf Befunde. Warten auf bessere Nachrichten. Beten, dass irgendwie von irgendwo das Wunder kommt. Dass die Ärzte sich geirrt haben. Dass alles nur ein Witz des Universums ist. Dass meine starke, lebensfrohe, empathische, gutmütige Mama von 68 Jahren doch nicht allen Ernstes Krebsstadium IV hat. Die Realität kollidiert hart mit meinem Herzen. Ich weiß, dass ich mir selbst irgendwie helfen musst, um das hier zu durchstehen. Aber wie? Längst bin ich ins Funktionieren abgedriftet. Etwas in mir hat sich eingeschaltet und für mich übernommen.

Ich nehme also Platz auf dem herbeigeholten Klappstuhl und fühle – nichts. Noch nicht einmal mehr Kälte. Ich bin seltsam planlos. Weiß nicht, wohin mit mir. Ich beuge mich vor und mache ein Foto. Überlege, ob ich es Papa senden soll. Wie absurd, denke ich heute. Ich entscheide mich um und schreibe ihm stattdessen nur, dass alles gut gegangen ist. Erste sanfte Bewegungen. Die Narkose schwindet. Eine Mischung aus leisem Genuschel und Sabbern folgt. Ich stehe auf. Ein gurgelndes Geräusch entweicht ihrem Mund. Meine Mutter will die Hand zur Magensonde heben. Es ist das erste Mal, dass ich sie berühre, sie davon abhalte, am Schlauch zu ziehen.
»Hallo, Mama.«

Meine Angst vor dem Tod besucht mich nachts. Sie wartet, bis ich das Licht ausmache, mich einige Male von links nach rechts drehe. Erst wird mir kalt. Dann überfällt sie mich. Rücklings. Hinterhältig. Sie lässt mein Herz schmerzen und meinen ganzen Körper zittern. Nachts kann ich ihr nicht davonlaufen, das weiß die Angst. Also wartet sie geduldig ab, lässt mich den Tag über machen. Beobachtet, wie ich mich beschäftigt halte, und weiß, dass ich in der Stille ihr gehöre. In der Dunkelheit heißt es Showtime für meine Zweifel und meine Hoffnungslosigkeit. Was, wenn meine Mutter das hier nicht übersteht? Nach all den OPs warten noch knapp zwei Jahre Chemo auf sie. Meine Tante ist Onkologin. Ich kenne genügend Geschichten, wie der

Körper immer schwächer wird in der Chemo und man damit eine große Baustelle gegen viele kleine eintauscht. Ich bin nicht bereit, meine Mama zu verlieren. Ich bete. Nein, ich warne Gott, dass er das einfach nicht zulassen kann. Meine Mama soll doch meine Kinder kennenlernen. Sie war ihr ganzes Leben lang fit. Wofür wird sie jetzt so bestraft? Ich weine mich in den Schlaf und weiß manchmal nicht, ob ich sie oder mich beweine – oder uns beide. In diesen Nächten steht die dunkle Seite des Mondes tief über meinem Herzen. Ich fühle mich gefangen in einem Bild von Pablo Picasso. Scharfe Kanten, lose Dreiecke, schroffes Grau. Alles Teile von mir, die in keinem Zusammenhang mehr zueinander stehen.

Bis zu diesem Punkt in meinem Leben war mir nicht bewusst, wie fremd der Tod tatsächlich für mich war. Oder dass ich so tiefe Trauer empfinden würde, obwohl meine Mama doch lebte. Autor David Deida schreibt: »Fast alles, was wir tun, machen wir, weil wir Angst haben zu sterben. Alle Angst findet ihre Wurzel in der Angst vor dem Tod.« Dabei sterben wir seit unserer Geburt jeden Tag ein bisschen mehr. Der Tod hat sich mir bisher von einer anderen Seite gezeigt. Er kam für Familienmitglieder, die ein Pflegefall gewesen waren. Er brachte Gnade am Ende eines Leidens, kam im Dämmerzustand, den man nicht mehr als Leben beschreiben konnte. Doch meine Mama war fit und gesund. Jenseits von gebrechlich. Den Tod mit ihr in einen Zusammenhang zu bringen, bedeutete auch, den Tod mit mir selbst in einen Zusammenhang zu bringen.

Ich ahne, dass es hier um sehr viel mehr geht und meine Gefühle so intensiv präsent sind, weil ich etwas Grundlegendes über mein Leben zu verstehen habe. Doch wie kann ich mir die Zeit dafür nehmen, geschweige denn die Ruhe dafür finden, wenn ich jeden Morgen mit der Angst aufwache, ob meine Mutter die Nacht wohl überlebt hat? Ich muss es ganz einfach. Irgendwie. Nach Wochen auf Autopilot ist es an der Zeit, gesunde Grenzen zu ziehen. Mich damit zu beschäftigen, was ich eigentlich brauche. Solange meine Energie auf Sparflamme lodert, bringe ich meinen Stress ja auch nur mit ans Krankenbett. Ich muss lernen, mich mir wieder zuzuwenden, damit ich mehr Erdung in mein Leben bekomme. Also klappe ich den Rechner auf und bestelle mir die Erste-Hilfe-Farbflaschen für körperliche und emotionale Ausnahmezustände von Aura Soma (das sind Essenzen, die Farben, Kräuter und Edelsteine als Unterstützung in verschiedenen Themenfeldern kombinieren). Ich ordere einen schwarzen Turmalin als Schutzstein für die anstrengende Zeit im Krankenhaus und Bachblüten für traumatische Zeiten – eben alles, was mir hilft, meiner Seele Beistand zu leisten und meine Nerven zu beruhigen. In der Nachbarstadt finde ich eine Frauenärztin, die Therapien für Krebserkrankte und ihre Familien anbietet. Ich schreibe ihr eine Mail und bitte um einen baldigen Termin. Ich krame mein eigenes Buch »Anleitung zur Selbstliebe« und meine Methoden aus dem Workbook hervor und schreibe mir gefühlte Stunden alles von der Seele. Es fühlt sich so reinigend an. Als wäre eine erste große Last von meinen Schultern gefallen. Das, wonach ich mich jetzt am meisten sehne, ist die Natur. Endlich frische Luft schnappen. Gegenprogramm zur medizinischen Technik und den vielen traurigen Gesichtern auf der Krebsstation. Ich beschließe, zum Sonnenaufgang in die Natur zu fahren und auf Entdeckungstour in mich zu gehen. Die Augen zu schließen. Bewusst zu sein mit mir und meinen Sinnen. Wieder lauschen. Ruhe finden. Mich selbst nicht länger allein lassen. Der erste Schritt zurück zur Selbstfürsorge.

Ein paar Tage später begrüßt mich meine Mutter mit einem Lächeln, als ich durch die Tür in Zimmer C212 komme. »Christina! Wie schön!« Wir zelebrieren jeden Tag, als wenn es der erste wäre und diese Odyssee nicht schon seit Wochen anhielt. Mir fällt es leichter, hier zu sein. Es ist ein Stück weit zur Gewohnheit geworden. Aber nicht ohne Hilfsmittel. Im Zimmer meiner Mutter stehen jede Menge Pflanzen – keine kurzlebigen Sträuße, sondern richtige Pflanzen mit Wurzeln und Erde. In meiner Handtasche steckt griffbereit mein Aura-Soma-Fläschchen. Allein der Duft beruhigt mich ungemein. Meine Freund*innen sind ständig auf Abruf. Sprechen hilft. Gehört werden noch mehr. Durch den Krebs meiner Mutter ist mir noch einmal bewusster geworden, wie viel Sprachlosigkeit rund um den Umgang mit unseren tiefen Gefühlen lebt. *Man muss stark bleiben. Darf die Hoffnung nicht aufgeben. Um jeden Preis durchhalten.* Trauer ist ein raues, verlassenes Land. Die meisten denken bei Trauer an den Tod, an das Endgültige. Doch dafür ist sie nicht allein reserviert. Ich trauere, weil sich mein Leben grundlegend geändert hat. Weil ich nicht in meinem Zuhause bin mit meinem Mann, während sich der Schock ausbreitet. Weil mir mein Lieblingspullover fehlt, der mich gerade jetzt Geborgenheit fühlen lassen würden. Ich trauere, weil mein Glaube mich verlässt oder Freund*innen nicht so reagieren, wie ich es erwartet habe. Ich trauere über die schwindende Zeit mit den Menschen, die ich liebe.

Auf Lebensreisen wie dieser, das ist mir heute klar, gibt es keine Richtung, keine Checklisten, kein Schwarz-Weiß. Auch ich habe mich ein Leben lang versteckt hinter der Idee, lieber nicht über meine Angst vor dem Tod zu sprechen, als die falschen Worte dafür zu finden. Ich habe versucht, mich selbst zu schützen. Mit dem Resultat, dass mich die Angst umso heftiger einholte. Ich bin bereit, meine Rüstung der Scham abzulegen. Zuzulassen, dass ich mich orientierungslos und verloren fühle und mein Herz trotzdem offen bleibt.

Heute weiß ich, wie viel zu lernen ist, wenn man die Hand eines Menschen hält, der die Diagnose einer lebensbedrohlichen Krankheit erhält. Den Tod zu beobachten, zeigte mir alles über das Leben. Ich habe entdeckt, dass es nicht darum geht, die Angst aufzulösen, sondern vielmehr darum, mit der Angst zu sein. Ich habe gelernt, dass ich meine Sensibilität, meine Angst, nicht als Schwäche, sondern als Stärke erkennen kann, wenn ich gut für mich sorge. Körperarbeit hilft bei der Verarbeitung. Seelische Arbeit ist ein Muss. Alles geschieht in Etappen. Der Körper weiß, wie er Überforderung verarbeiten kann, wenn wir ihn lassen. Gerade in den großen Ausnahmesituationen des Lebens.

Mittlerweile sind die Nächte wieder ruhig und friedlich. Die Hilflosigkeit meiner Mutter hat sich zur gewohnten Unabhängigkeit zurückverwandelt. Krebsfrei, das ist das Zauberwort, auf das sie jetzt zusteuert. Ich weiß jetzt, wie meine Mama ohne Haare aussieht. Wie ein Längsschnitt im Bauch heilt. Habe den Krebs auf dem OP-Video gesehen. Ich weiß jetzt, dass nach einer Chemo Locken nachwachsen. Ich habe viel über mich gelernt und wie ich funktioniere. Die harte Konfrontation mit dem Tod hat mich tief durchgerüttelt. Sie hat mich vieles infrage stellen lassen, was für mich sonst gottgegeben war. Ich habe meinen tiefsten Ängsten in die Augen geblickt und bin durch den gesamten Prozess stärker geworden.

Meine Eltern werden älter und irgendwann werden sie sterben. Genau wie ich. Mit dem Gedanken setze ich mich immer wieder auseinander und versuche, die kostbaren Momente meines Lebens voll wahrzunehmen. Ich habe mich bewusst in der Reihe zu diesem letzten unausweichlichen Date des Lebens angestellt. Meine ersten grauen Haare stören mich nicht mehr so sehr. Ich freue mich darauf, älter, weiser und, ja, reifer zu werden. Solang es mir gegönnt sei, feiere ich das Leben und all meine Gefühle dabei.

»Nachts kann ich ihr nicht davonlaufen, das weiß die Angst. Also wartet sie geduldig ab, lässt mich den Tag über machen. Beobachtet, wie ich mich beschäftigt halte, und weiß, dass ich in der Stille ihr gehöre.«

Melina Royer

»Es gibt nicht die perfekten Umstände – aber den richtigen Zeitpunkt für Veränderung. Und der ist genau jetzt!«

Wusstest du schon?

- Kreativling durch und durch: Melina ist Designerin, Autorin und Bloggerin. Mit Mathe sollte man sie lieber in Ruhe lassen.
- Sie kann Lebensmittel durch die verschweißte Folie erschnüffeln und übernimmt in ihrem Haushalt immer die »Kann man das noch essen?«-Prüfung.
- Chaos macht sie buchstäblich verrückt. Wenn zu viel Kram herumliegt, wird sie überdreht und bekommt Kopfweh.

Normalsein hat viele Gesichter

– zum Beispiel meines

Winterurlaub 2013/2014. Ich stehe bei klirrender Kälte und wolkenlosem Himmel auf einer Düne an der Nordseeküste Dänemarks. Der Wind weht mir meine Haare ins Gesicht, die davon völlig unbeeindruckt einfach an meinen Vaseline-Lippen kleben bleiben. Ich will meine Gedanken abschalten. Wenn ich nicht denke, gibt's auch keine Probleme, glaube ich. Ich fühle mich nicht mehr. Der Kontakt zwischen mir und meinen Emotionen ist abgebrochen wie die Funkverbindung zwischen zwei Walkie-Talkies.

Der Urlaub ist fast vorbei und das Jahr noch ganz frisch. Und ich? Ich nicht.

»Ich halte das nicht mehr lange aus«, denke ich mehrmals am Tag und tue dann ... nichts.

Mein Alltag – abseits dieses Urlaubs – besteht hauptsächlich darin, meinen 26-jährigen Körper wie ferngesteuert pünktlich um 6:35 Uhr aus dem Bett zu bugsieren und zu meinem Arbeitsplatz zu schleppen. Und dann: immer schön abliefern. Nur nicht stehen bleiben. Denn sonst nehme ich meine Bauchschmerzen, die massive innere Unruhe und die zuckenden Augenlider zu stark wahr. Ganz neu mit dabei: Einschlafprobleme und Zähneknirschen. Jeder Gedanke an meine Arbeit kann diese ganze Palette auf Knopfdruck auslösen.

Dazu fällt mir folgendes Zitat von Sonja Brückner ein: »Probleme, die man konsequent ignoriert, verschwinden nur, um Verstärkung zu holen.«

Es gab da mal so etwas wie einen Plan. Als mein Mann Timon und ich heirateten und wir uns unsere Zukunft schillernd und bunt ausmalten, dachten wir sofort an eine gemeinsame Selbstständigkeit. Wir sind beide Designer – und Timon ist ohnehin bereits seit 2005 selbstständig. Wir wollten gemeinsame Projekte und mehr Zeit füreinander, im eigenen Zuhause in einer reizarmen Umgebung arbeiten, unseren Tagesablauf selbst bestimmen. Kurz: im Einklang mit unseren eigenen Bedürfnissen leben.

Was ich stattdessen tue: In der Grafikabteilung eines Unternehmens arbeiten, aus der nacheinander die Kolleg*innen verschwanden, bis nur noch eine Person im Büro übrig blieb: ich. Die Stellen wurden lange Zeit nicht neu besetzt.

Könnte daran gelegen haben, dass ich versuchte, auf allen Hochzeiten gleichzeitig zu tanzen. Dumm nur: Welcher Unternehmer stellt Leute ein, wenn sich eine einzelne Person verantwortlich fühlt, sämtliche Lücken zu füllen?

Einmal wurde ich darauf hingewiesen, dass auf meinem Tageszettel nur sieben Stunden und 50 Minuten statt acht Stunden standen. Da sei der Chef sehr unzufrieden mit gewesen. Hallo? Ich hatte mich für alles und jeden aufgerieben, immer geliefert und mein Bestes gegeben. Und am Ende trotzdem enttäuscht.

Und es gibt noch mehr, das mich frustriert. Ich scheine einfach nicht ins Bild einer durchschnittlichen Angestellten zu passen. Und Durchschnitt ist damals alles, was ich will. Hauptsache nicht auffallen. *Normal* sein. Klappt allerdings nicht so richtig. Ich fühle mich wie ein Alien von einem fremden Planeten.

Niemandem macht es anscheinend etwas aus, morgens um 8 Uhr anzufangen. Jeder scheint produktiv zu sein, solange die Kaffeekanne nur nicht leer wird. Ich hingegen bin schon k. o., wenn ich morgens mit Dutzenden von Menschen in einem überfüllten Bus zur Arbeit fahre. Und von Kaffee bekomme ich Herzrasen.

Produktives Arbeiten? Funktioniert erst nach der Mittagspause. Davor ist mein Körper noch damit beschäftigt, die Reizüberflutung des Morgens zu verdauen. Kolleg*innen aus anderen Abteilungen sind verwundert, wenn sie in meinem Büro stehen und von einer Grabesstille empfangen werden. Wenn irgendwo ein Radio plärrt, ist es mit meiner

Konzentration schlagartig vorbei. Auch ein Anruf beendet meinen Flow-Zustand jäh. Es dauert eine halbe Stunde, bis ich meine Sinne wieder halbwegs einsammeln und mich voll auf meine Aufgabe fokussieren kann.

Warum haben die anderen diese Probleme nicht?

Meine Leistung geht proportional zu meinem Selbstvertrauen den Bach runter.

Statt einen Ausgleich zu schaffen und mich um mich selbst zu kümmern, tue ich genau das Gegenteil: Ich greife mich selbst an. Stelle nicht die Rahmenbedingungen infrage, sondern nur mich selbst. Ich lasse das Leben nur noch passieren und halte still. Kündigen will ich nicht, um auf die Gefühle meiner Kolleg*innen Rücksicht zu nehmen und niemanden zu verletzen. Und es ist ja auch nicht alles schlecht: Ich mag meine Kolleg*innen sehr gern und mein Arbeitsplatz ist groß, hell und sogar weitestgehend ruhig.

Aber im Urlaub passiert etwas. Dänemark macht es mir plötzlich leicht, meinem Bauchgefühl zu folgen. Zunächst will ich mich dagegen wehren. Ich komme nicht mit dieser Lawine an Gefühlen klar, die da angerollt kommt – normalerweise verbanne ich alle Emotionen in eine düstere Ecke und versuche, irgendwie zu funktionieren. Und jetzt stehe ich auf dieser verdammten Düne und will einfach bloß Stille in meinem Kopf haben. Meine Gefühle scheinen das aber anders zu sehen. Und dann ist da überall diese unendliche, wunderschöne Weite. Ich fange tatsächlich an, durchzuatmen und komme mir selbst wieder ein Stückchen näher. Auf einmal gewinne ich nicht nur räumliche

Distanz zu meinen Problemen, sogar auch die emotionale. Vor meinen Augen läuft ein Film ab: ich, 26 Jahre jung, ausgelaugt und zu nichts mehr zu gebrauchen. Niemals! Ich muss etwas tun! Nicht *vielleicht nächstes Jahr.* Oder *wenn wir endlich mehr gespart haben.* Sondern jetzt sofort.

In meiner Vorstellung bin ich jemand ganz anderes: eine Frau, die sich selbst ernst nimmt und eben nicht zum Opfer ihrer Umstände wird. Die Realität sieht zu jener Zeit anders aus: Mein Leben wird lediglich vom Zufall gesteuert und das schon viel zu lange. Ich, eine einzige Baustelle.

Ich muss die Schaufel endlich wieder selbst in die Hand nehmen. Ich muss anfangen, mir Schritt für Schritt den Weg zu meiner Zukunft freizuräumen.

Schritt eins: Ich fange an, über meine Bedürfnisse und Ängste zu reden. Und zwar nicht nur über das Offensichtliche, dass mein Körper nicht mehr kann. Ich spreche über das, was ich wirklich will: Selbstbestimmung. Mein Versteck aufgeben und ich selbst sein.

Timon unterstützt mich in jeder Hinsicht. Er versteht meine Ängste und Zweifel nicht nur, sondern kann sie sogar weitestgehend zerstreuen. Wie soll mein neuer Weg aussehen? Wird das Geld reichen? Kann ich einfach so kündigen? Wir rechnen durch, wie viel wir zum Leben brauchen und über welche Rücklagen wir verfügen.

Schritt zwei: Zu meiner Überraschung geht das alles ziemlich schnell und plötzlich heißt es: Es gibt nicht die perfekten Umstände – aber den richtigen Zeitpunkt für Veränderung. Und der ist genau jetzt!

Also kündige ich.

1. März 2014. Der erste Tag von meinem neuen Leben als Melina 2.0, die frisch gebackene selbstständige Kommunikationsdesignerin.
Mein neuer Lebensplan?

Mir den Schlaf holen, den mein Körper braucht, um richtig arbeiten zu können.
Meine eigenen Regeln machen.
Nicht mehr so sein wollen wie die anderen.

Die ersten Wochen schlafe ich viel, manchmal zehn bis zwölf Stunden pro Nacht. Und fühle mich großartig danach. Es überrascht mich selbst, wie schnell meine Leistungsfähigkeit zurückkehrt, da ich nun selbst über meinen Tagesablauf entscheiden kann. So etwas wie eine Gewöhnungszeit an meine neuen Lebensumstände gibt es nicht.
Ich weiß sofort: Das ist es! Das gebe ich nicht mehr auf.

Und dennoch: Die Kündigung war nur ein Schritt von vielen. Sich seine eigene Zukunft zu erschaffen und zu sich selbst zu stehen, verlangt mehr. So viel mehr. Das dämmert mir langsam nach den ersten Monaten im Paradies.

Meine Großbaustelle Selbstvertrauen bringt mich auch unter vermeintlich perfekten Bedingungen an meine Grenzen. Innere Gelassenheit stellt sich ja leider nicht über Nacht ein.

Nirgends bin ich vor mir selbst sicher. Ich male mir ständig aus, was andere von mir denken, jetzt, da ich meine eigenen Regeln mache – und das auch noch offen lebe.

Zwar bemerke ich, wie intuitiv und gut es sich anfühlt, was ich jetzt tue. Das lange Schlafen, das Arbeiten an einem Ort, an dem ich mich völlig sicher fühle und die Ruhe habe, die mein Kopf benötigt. Endlich bin ich nicht mehr den ganzen Tag reizüberflutet. Und dennoch sind immer die Schuldgefühle mit dabei:

Darf ich überhaupt so lange schlafen, bin ich dann nicht total faul?
Darf ich zu Hause bleiben, weil ich gerade niemanden sehen will?
Darf ich auch einfach mal nichts tun?

Wenn ich mich mit anderen unterhalte, überkommt mich das Bedürfnis, mich für meine Sensibilität zu entschuldigen. Ich bin noch immer der Meinung, dass mir mein Lebensstil gar nicht zusteht und ich mich einfach bloß mehr zusammenreißen muss. Und das obwohl ich weiß, wo es mich einst hingeführt hat, dass ich mich jahrelang versteckt und angepasst habe.

Was mir in dieser Zeit besonders hilft, sind lange Gespräche mit Timon. Selbst ein sensibler Mensch, hilft er mir, Frieden mit mir und meinen Bedürfnissen zu schließen.

Ich fange an, mich in meinem Umfeld nach Menschen umzusehen, denen es ähnlich geht, und erkenne, dass ich alles andere als allein bin. Ich suche im Internet nach

Erfahrungsberichten und Interviews mit Hochsensiblen. Und finde sie auch.

Normal zu sein kann viele Gesichter haben. Und eines davon ist meines. Hochsensibel zu sein ist normal, ich musste nur anfangen, das zu akzeptieren.

Früher dachte ich über meine Hochsensibilität: »Herzlichen Glückwunsch! Sie haben in der Lotterie der erstrebenswerten Charaktermerkmale die Arschkarte gezogen!«

Nun ist dies, zugegeben, eine sehr einseitige Sicht. Natürlich fühlt sich die Hochsensibilität nicht immer an wie ein Sonntagsspaziergang bei Sonnenschein. Zum Beispiel dann, wenn ich mit öffentlichen Verkehrsmitteln fahren muss und mir der Geräuschteppich schon morgens um 10 Uhr die Energie für den gesamten Tag abgesaugt hat. Oder wenn ich mich nach einem Event mit 200 Anwesenden fühle wie von einem Trecker überfahren. Mein Kopf gibt nie Ruhe, ich bin immer auf Empfang.

Aber zum Glück ist das nicht nur schlecht. Ganz im Gegenteil: Wer seine Hochsensibilität richtig zu nutzen weiß, kann in bestimmten Situationen sogar mehr leisten als andere. So kann ich beispielsweise meine Fähigkeiten zu einer besonderen Tiefe weiterentwickeln, gerade weil ich so viel wahrnehme.

Mehr ich zu sein bedeutet für mich auch, dass ich anderen mehr geben kann. Feine Antennen zu haben heißt, auch noch mit Details arbeiten zu können, die sich für andere bereits hinter dem Wahrnehmungshorizont befinden.

Ich denke immer mit. Viele Details, die anderen entgehen, fallen mir auf – und das in Bruchteilen von Sekunden. Das ist die Reizüberflutung nämlich manchmal auch: eine verdammt schnelle Auffassungsgabe. Aus diesem Grund werde ich oft von Kolleg*innen und Freund*innen um Hilfe gebeten, weil sie wissen, dass mir vieles auffällt und ich eine neue Perspektive mitbringe. Ich genieße das.

Es ist ein unbeschreibliches Gefühl, wenn ich anderen mit meinen Fähigkeiten das Leben ein bisschen leichter machen kann.

Und wenn ich nicht respektiere, wer ich bin und was ich brauche – wie kann ich da andere mit all ihren Bedürfnissen verstehen und wertschätzen?

»Früher dachte ich über meine Hochsensibilität: *Herzlichen Glückwunsch! Sie haben in der Lotterie der erstrebenswerten Charaktermerkmale die Arschkarte gezogen!*«

Ninia LaGrande

»Sich selbst zu akzeptieren und Charakterzüge nicht als Schwäche, sondern als Gewinn zu betrachten, hilft, das eigene Leben wesentlich angenehmer zu gestalten.«

Wusstest du schon?
- Beherrscht alles, was man mit Worten machen kann: Poetry Slam, Moderation, Bloggen, Prosa ...
- Ist sehr froh darüber, dass es gute Sneaker inzwischen auch in Kindergröße gibt.
- Trägt ein Nilpferd auf dem Oberschenkel und Feminismus im Herzen.

Kontrolle ist besser

Es ist sehr laut. Von oben grelles Licht, vor mir vorbeiziehende Menschenmassen und hinter mir ein bunter Messestand. Ich habe mich als Businessfrau verkleidet, mein Dutt zieht meine Stirn faltenlos nach oben und meine Fußballen schmerzen wie nach einem Marathon. Mein ganzer Körper weiß nicht, was er hier macht. Nur mein Kopf sagt, was ich eigentlich machen sollte: Menschen ansprechen. Menschen von den Produkten der Firma begeistern, für die ich arbeite. Für die ich sonst aber in der hintersten Ecke eines Großraumbüros arbeite – schön abgeschirmt von allen anderen, in meiner eigenen kleinen Welt. Nur ich und die sozialen Netzwerke und große Kopfhörer, die die Außenwelt abschirmen.

Junge Menschen wollen beruflich immer gerne *was mit Menschen* machen. Ich wollte immer gerne was mit mir machen. Nur mit mir. Nur für mich. Wenn ich diese kleinen Büroparzellen in amerikanischen Filmen gesehen habe, bei denen man vom Sitznachbarn nur durch wenige Zentimeter und eine Pappwand getrennt ist, gruselte ich mich mehr als bei »Blair Witch Project«. Schon in meiner Kindheit konnte ich mich stundenlang mit mir selbst und der Aufnahmefunktion meines Kassettenrekorders beschäftigen. So entstanden sehr lange Radiosendungen, in denen ich die einzige Moderatorin, Sängerin und Nachrichtensprecherin war. Und die im Anschluss auch nur ich zu hören bekam. Ich war, wenn auch nie Außenseiterin, gerne für mich. Ich reichte mir. Schon immer.

Wenn ich später in Vorstellungsgesprächen gefragt wurde, wie ich mir Teamarbeit vorstelle und wie ich diese gerne gestalte, hätte ich immer antworten müssen: »Gar nicht.« Wenn ich ehrlich gewesen wäre. Weil ich mich nach dem Studium aber hauptsächlich in Agenturen vorgestellt habe, die immer alles gemeinsam pitchen und im Idealfall zu deiner neuen Familie werden – andere Menschen siehst du dann eh nie wieder –, habe ich mir irgendwann ein Fantasiebild von Teamarbeit ausgedacht, das ich in diesen Situationen abrufen konnte. Wenn es dann tatsächlich zu Meetings, Besprechungen und gemeinsamen Projekten kam, war das für mich anstrengender als für andere die Pilatesstunde. Ich dachte immer, es sei normal, sich nach einer Teambesprechung für den Rest des Tages so ausgelaugt zu fühlen, dass man danach nur noch schlafen will. Ich dachte immer, alle in dieser Runde müssen gerade versuchen, verschiedenste Eindrücke zu filtern und sich nur auf das zu konzentrieren, was gerade besprochen werden soll. Währenddessen zählte ich die Rechtschreibfehler in der Präsentation, die vom Beamer leicht unscharf und flimmernd an die Wand geworfen wurde, vernahm die Sirene des Krankenwagens draußen genauso laut wie die Stimme meines Gegenübers und roch den Knoblauch vom gestrigen Abendessen der Kollegin bis in die Stirnlappen. Das ist nämlich auch so ein Ding – ich kann nicht filtern. Alle Eindrücke prasseln in gleichen Teilen auf mich ein, und bis ich mich entschieden habe, dass der Liebeskummer der Freundin wirklich wichtig und das Gespräch über Vektorrechnung am Nebentisch nicht ganz so interessant ist, hat die Freundin fertig erzählt und ich weiß schon nicht mehr, wer jetzt eigentlich wem fremdgegangen ist.

Wie schaffen all die Menschen um mich herum die Herausforderung Alltag? Warum können sich so viele so gut in ihre Rolle einfügen und einfach sein? Einfach arbeiten, einfach netzwerken, einfach vorankommen. Lange Zeit habe ich die Sensibilität, von der ich damals noch nicht wusste, dass sie es ist, die mir das Zuhören und Dahinleben erschwert, für unnormal gehalten. Irgendwas in meinem Kopf ist falsch verkabelt und jetzt muss ich mich also immer doppelt anstrengen, wenn es um Konzentration geht. Das habe ich gedacht. Und so wurde ich die Konzentrationskönigin. Wenn ich eines gelernt habe, dann in einen sehr langen, sehr abgeschirmten Tunnel tauchen zu können. Sitze ich an einem Text, lese ein Buch oder erledige meine Umsatzsteuervoranmeldung, könnte neben mir ein Feuer ausbrechen – ich würde es nicht bemerken. Nur so kann ich Sachen wirklich fertigstellen, ohne mich ablenken zu lassen.

Nun kann man durchaus sagen, ich sei ein Kuriosum. Einerseits seelisch fertig vor einem Messestand herumstehen, die Hände vor Schweiß schon ganz glitschig und mich fragend, wen ich als Nächstes hilflos auf das regnerische

Wetter draußen ansprechen könnte, um danach irgendwie den Dreh auf Sprachlernprodukte im Internet zu bekommen. Und andererseits noch am selben Abend die Bühne eines großen Theaters zu betreten, um vor 1.200 Menschen mein Innerstes offenzulegen. Wie geht das? Was lässt mich beim Small Talk vor Unsicherheit das Stottern anfangen und macht mich gleichzeitig auf der Bühne zu einer selbstbewussten Entertainerin?

Vor zehn Jahren saß ich das erste Mal im Publikum eines Poetry Slams. Menschen lasen selbstgeschriebene Texte vor, performten Gedichte und nahmen die Bühne für sich ein, ohne dass es ihnen vorher irgendjemand hätte erlauben müssen. Ein Format, bei dem jeder mitmachen kann, ohne Legitimation von außen. Das wollte ich auch!
Die Bühne kannte ich schon – lange Zeit hatte ich Theater gespielt. Ein erstes Mittel, um meine Unsicherheit gegenüber Fremden und in Vortragssituationen in den Griff zu bekommen. Ich spielte Rollen. Ich war die wissbegierige Schülerin oder der partywütige Teenager. Ich wusste, in welchen Situationen ich wie zu sein hatte. Ich konnte Erwartungen erfüllen. Also meldete ich mich für den nächsten Slam an, schrieb einen schrecklichen Text, den ich danach nie wieder vortragen sollte, und stellte mich vor 350 Menschen, um mich danach auch noch für den Auftritt bewerten zu lassen. Es war schlimm. Aber auch nicht so schlimm, dass ich es danach nicht noch einmal probieren wollte. Und noch einmal und noch einmal und dann immer wieder. Ich forderte mich selbst heraus. Ein Teil wollte auf gar keinen Fall Aufmerksamkeit auf sich ziehen, im Mittelpunkt stehen, geschweige denn die Stimme erheben, und ein anderer spürte den Drang,

sich dieser Herausforderung zu stellen. Im ersten Jahr war mir vor den Auftritten oft so schlecht, dass ich mich in Zugtoiletten übergeben musste und mich an einem Abend zweimal umzog, weil ich so schwitzte. Außerdem war ich immer darum bemüht, dass in meinem Familien- und Freundeskreis niemals jemand erfuhr, wenn ich mal in der Nähe auftrat. Denn, wenn Menschen im Publikum saßen, die ich kannte, steigerte das die Nervosität ins Unermessliche. Aber dieser eine Glücksmoment, auf einer Bühne zu stehen und die Situation komplett unter Kontrolle zu haben, dafür lohnte sich der ganze Aufwand. Denn Kontrolle ist die Antwort.

Die Antwort auf die Frage, was den Unterschied ausmacht. Warum ich auf Konferenzen am liebsten Schlupflutsch trinken würde (das Zeug, mit dem auch schon Alice im Wunderland Bekanntschaft gemacht hat), um noch kleiner zu werden, als ich es eh schon bin, und um sicherzugehen, dass wirklich niemand mitbekommt, wie sehr ich mir wünsche, nicht dort sein zu müssen. Und warum ich mich auf derselben Konferenz nach der Netzwerkstunde plötzlich so groß fühle wie Dirk Nowitzki, weil ich auf einer Bühne stehen und einen Vortrag halten darf. Denn dann habe ich Kontrolle. Ich habe den roten Faden in der Hand. Ich bestimme, wer wann reden darf. Ich entscheide, wann meine Zeit wieder vorbei ist.

Ein Publikum – egal, ob es aus 1.200 Menschen oder aus 20 besteht – kennt seine Rolle. Es spielt mit. Es klatscht und hört zu und staunt. Und es weiß, dass ich gerade die Bestimmerin bin. Mein Gegenüber an einem Stehtisch, der mir mit Glück nur bis zum Kinn reicht (der Tisch, nicht das Gegenüber), muss mich in meiner Rolle als Konferenzteilnehmerin erst einmal anerkennen, muss sich auf ein Gespräch einlassen, bei dem es an mir ist, dieses spannend zu gestalten. Das Gegenüber kann gehen, wann es will, es kann mich herablassend behandeln oder – noch schlimmer – ignorieren. Im Regelfall tut es das nicht. Aber genau das ist meine Angst, wenn ich mit Namenschildchen am Revers, Appetithappen in einer und Kaffeetasse in der anderen Hand auf diesen Konferenzen herumstreune wie ein verlorener Hund: Kontrollverlust.

Es gab in meinem Leben zwei Schlüsselmomente. Der erste war ein lang gezogener Moment, eher eine Erfahrung – mein erstes Jahr als Poetry Slammerin. Die Erfahrung, dass die Lust am eigenen Tun größer sein kann als die Angst. Dass Angst etwas Gutes sein kann, weil ich gelernt habe, sie in Motivation umzuwandeln. Weil es ohne Angst auf diesen Bühnen sehr langweilig wäre. Weil Angst, und das ist der wichtigste Punkt von allen, eben nicht nur Angst ist, sondern eine Emotion, die ich selbst wieder positiv besetzen kann. Menschen in dieser Szene haben dafür gesorgt, dass ich mit dem zufrieden sein kann, was ich dort auf der Bühne veranstalte. Dass meine Texte gut sind und gehört werden müssen. Und gleichzeitig habe ich dafür gesorgt, dass mein Körper lernt, mit extremer Aufregung in Kombination mit Hochsensibilität umgehen zu können. Ich suche mir stille Lücken – räumlich und im wahrsten Sinne des Wortes. Noise-Cancelling-Kopfhörer sind eine wunderbare Erfindung. Sie helfen, herunterzukommen – selbst wenn aus den Ohrmuscheln gar keine Musik klingt, sondern nur und vor allem Stille. Ich versuche, die Aufregung zu analysieren und mir selbst klarzumachen, dass genau dieses Kombipaket in meinem Kopf dafür gesorgt hat, dass ich jetzt diesen Job machen darf.

Der zweite Schlüsselmoment war mein Schritt in die Selbstständigkeit. Die, die immer auf Sicherheit und Rettungsschirm aus war, springt ins kalte Wasser und versucht, von dem zu leben, was ihr Spaß macht. Machen wir uns nichts vor: Auch in der Selbstständigkeit gibt es Verwaltungszeug, Behördengänge, Steuerunterlagen, Versicherungsquatsch und anstrengende Kundenkommunikation. Aber all das wiegt weniger als das Gefühl, die Kontrolle über das eigene Leben wiedergewonnen zu haben. Arbeitszeit und -bedingungen den eigenen Bedürfnissen anzupassen und somit der Hochsensibilität einen Raum zu geben, statt sie verstecken zu wollen. Ich muss mich nicht mehr verstellen, keine Rolle mehr spielen. Ich bin mein eigenes Team, und dort dürfen auch mal Fehler passieren, aber die habe ich dann komplett selbst zu verantworten. Vom ersten Tag meiner Selbstständigkeit an habe ich mich frei gefühlt. Das kannte ich vorher nicht. Das kennt man vor allem nicht, wenn man wie ich ein geisteswissenschaftliches Studium hinter sich hat, das aus der Sicht anderer vor allem fürs Taxifahren qualifiziert (ich hasse Autofahren). Und wenn man dann, aus diesem Druck heraus, ein Anbiedern entwickelt, um wenigstens irgendeinen Job zu bekommen. Irgendeinen. Weil man halt nur dieses brotlose Zeug gelernt hat. Dann kann man ja froh sein. Da haben eigene Bedürfnisse keinen Platz. Erst recht nicht, wenn diese ein bisschen komplizierter sind als bei anderen Menschen.

Heute lässt sich vieles von dem, was ich früher an mir komisch oder anstrengend fand, erklären. Und nicht nur das: Sich selbst zu akzeptieren und Charakterzüge nicht als Schwäche, sondern als Gewinn zu betrachten, hilft, das eigene Leben wesentlich angenehmer zu gestalten. Ich bin ein sehr sozialer Mensch. Aber ich weiß inzwischen, dass es okay ist, auch mal allein sein zu wollen. Nicht reden zu wollen. Sich selbst zu reichen. Und daraus das Beste zu machen.

Am Abend des Messetages habe ich den Dutt gelöst, das Kostüm ausgezogen und in der hintersten Ecke des Schrankes verbannt, mich abgeschminkt und mehrmals tief durchgeatmet. Dann bin ich in die Badewanne gestiegen und habe beschlossen, dass ich mir künftig jedes Mal in einer mich komplett überfordernden Situation dieses Bild in Gedanken rufen werde: Kerzenlicht, ätherische Öle und ein klarer Kopf. Einen Moment durchatmen und kurz bei sich sein. Am nächsten Tag bin ich ins Büro gegangen und habe meine Chefin gebeten, mich nie wieder mit ins Messeteam zu nehmen. »Und ich dachte, ich tue dir damit einen Gefallen, weil du doch so viel auf Bühnen unterwegs bist. Was ist der Unterschied?«, fragte sie. »Kontrolle«, antwortete ich, setzte meine Kopfhörer auf und versank im alltäglichen Arbeitstunnel.

»Weil Angst, und das ist der wichtigste Punkt von allen, eben nicht nur Angst ist, sondern eine Emotion, die ich selbst wieder positiv besetzen kann.«

Sophia Fritz

»Ich nehme meine Sensibilität jetzt mit in den Urlaub. Ich passe auf sie auf.«

Wusstest du schon?

- Hat ein Jahr lang in Bolivien mit Kindern gearbeitet und ist jetzt sehr gut im Kartoffelstempeln.
- Hat nach einem Tag das Jurastudium abgebrochen und stattdessen einen Kurs zur Sterbebegleitung belegt. Studiert inzwischen an der Filmhochschule. Ein guter Kompromiss.
- Schreibt als Autorin unter anderem für den Herder- und den Unsichtbar-Verlag.

Der Frühling fragt auch nicht,

ob er Platz einnehmen darf

Natürlich kann man auch draußen weinen und da sind keine Erwartungen auf den Bordsteinkanten. Die Sensibilität und ich, wir schnippen die Asche vor uns in den Dünensand. Wir sind schon in Südfrankreich, aber der Himmel sieht aus wie McDonald's, überall gleich, egal wo wir ihn sehen. Die Sensibilität meint, der Himmel sei ein Franchise-Unternehmen, das wir leiten sollten. Ich denke, die Traurigkeit ist ein Tier, das wir vor dem Sommerurlaub an einem Rastplatz anbinden sollten.

Ich habe nicht gedacht, dass wir beide mal zusammen in den Urlaub fahren. Die längste Zeit hatten wir uns nichts zu sagen, obwohl die Sensibilität schon mein ganzes Leben lang bei mir ist. Sie hat mir schon als Kind beigebracht, wie ich Menschen liebe, die keine Zeit haben. Wie ich mich zu einer Bauchkuhle mache, in die andere sich hineinlegen können. Wen man zuerst bedient und wem das größere Stück Kuchen gehört, wer die Tür öffnet, wenn es klingelt, wen man beim Trepperunterlaufen stört und wer die Spülmaschine einräumt.

Die Sensibilität hat mir beigebracht, wie ich auf Menschen aufpasse, ohne sie kleinzumachen. Sie hat mir erzählt, auf welchen Wegen ich mich unersetzbar mache, und welche Hosen ich bei 40 Grad waschen soll. Wie ich aus meinen Brüsten eine Seelsorgestation mache. Die Sensibilität hat mir beigebracht, wie ich die Dinge für mich behalte, die andere nicht sehen. Und bevor ich jemandem widerspreche, denke ich daran, dass sich jeder seine Vergangenheit als Geschichte erzählt. Und dass jeder seine Geschichte so erzählt, dass er immer noch vor sich selbst gradestehen kann.

Sie hat mir gezeigt, wie man zuhört. Ich habe sie dabei beobachtet, wie sie anderen Brote schmierte und sie zudeckte und die Arme der anderen trotzdem stärker blieben. Sie hat mich gelehrt, bei wem ich schweigen soll, was es bedeutet, schnell ernst zu werden und was es heißt, dass manche Organe in mir gar nicht für mich da sind.

Ich habe allem nachgesehen, ich habe mich nach allem umgedreht, ich konnte überall sein, nur nicht bei mir. Nachts lag ich mit mir und meinem Körper zusammen und so oft ist die Zeit einfach nicht vorbeigegangen. Ich bin aufgestanden, habe das Zimmer verlassen, ich habe mir und meinem Sensibelsein die Hände gewaschen, ich habe mir mein Gesicht im Spiegel angesehen und alle haben gesagt, es wird vorbeigehen und besser werden, irgendwann.Oder: Es wird schon nicht so schlimm. Oder: Wenn irgendwas passiert, ruf an. Ich habe alles mit mir selbst ausgemacht.

Am schlimmsten war es immer dann, wenn ich gerade dachte, dass es jetzt besser werden würde. Wenn ich die Sensibilität mitten im Lachen wiederfand, immer dann, wenn ich einmal unbeschwert sein wollte, und mir klar wurde, dass sie mir immer vertraut sein würde, wie ein Kleidungsstück, ausgeblichen, verwaschen und passend, als hätte ich es schon zu lange getragen. Manchmal stand sie vor der Tür, ohne zu klopfen, und ich öffnete ihr, ohne etwas zu sagen. Manchmal war sie ein Besucher, von dem ich gedacht habe, dass er schon längst gegangen wäre.

Ich glaube, ich habe meine Sensibilität nur so lange gehasst, wie sie aus mir eine Hülle gemacht hat. Mir wurde lange gesagt, wie erwachsen ich sei, während ich nur als erwachsen galt, wenn ich mich selbst verdrängte. Ich hatte lange nichts mit mir zu tun. Ich musste mich lange nicht verstehen.

Man sagt immer, man kann nicht einfach so über sich hinwegsehen, aber ich konnte mich an den Bushaltestellen und in den U-Bahnen und auf den Heimwegen genauso gut ignorieren wie jeden anderen Fahrgast auch, aus Höflichkeit, um peinliches Schweigen zu vermeiden. Wenn ich mich mal alleine antraf, konnte ich einfach meine Kopfhörer aufsetzen und auf mein Handy schauen, um beschäftigt zu wirken, um einem Gespräch mit mir aus dem

Weg zu gehen. Ich konnte Blickkontakt mit mir selbst meiden. Ich wollte nicht darüber reden, wie es ist, sensibel zu sein.

Natürlich bekomme ich die Stimmungen im Raum mit, natürlich weiß ich, wo Streit in der Luft liegt und wo Streit längst an der Decke schwebt wie kalter Rauch, den niemand mehr erreichen kann. Ich war nie gut darin, Grenzen zu setzen, mir Zeit zu nehmen, die ich für mich benötigt hätte, die meiste Zeit habe ich die Sensibilität als Schwäche wahrgenommen und nicht als Stärke. Hauptsache, man konnte mir nichts anmerken von der Überforderung, den Angstzuständen, den Wänden in meinem Kopf, dem Nachdenken und dem Hinterfragen. Die Leute nennen das Gedankenkarussell, aber so hat sich das nicht angefühlt, Karusselle sind bunt und lustig und man muss dafür zahlen, um einmal mitzufahren. Meine Gedanken bekam ich in einer Flatrate, meine Gedanken wiederholten sich, meine Gedanken klangen wie der Refrain eines Schlagers.

Der Schmerz warf Steine gegen mein Herz und nannte es Romantik. Ich konnte meinen Magen mit Tabletten füllen, aber das brachte mich noch lange nicht zum Atmen. Am Anfang habe ich versucht, die guten Zeiten abzukapseln. Die guten Zeiten in Alufolie einzuhüllen und nicht mehr aus der Hand zu lassen. Die guten Zeiten krampfhaft dosiert zu schlucken. Anzufassen und festzuhalten, sie vor die Augen zu binden und im Ohr zu haben. Die guten Zeiten zwischen dicke Bücher zu pressen, die guten Zeiten wie Nadeln festzustecken, sie als Herz in jede Parkbank zu ritzen und in alle Rinden. Weil ich schon ahnte, dass sie irgendwann verschwinden.

Manchmal war ich einsam, obwohl ein Knie mein Knie und eine Hand meinen Arm berührt hat. An guten Tagen lag eine Wimper auf meinen Wangen.

Ich musste das Lachen erst vergessen. Ich musste noch einmal ganz von vorne angefangen. Als ich mich nicht mehr ignorieren konnte, habe ich niemanden angerufen, keine Nummern gewählt, habe mich nicht gemeldet und auch nichts erzählt, ich habe geschwiegen, beobachtet, bin zu Feiern gegangen und zu früh wieder verschwunden, ich habe es noch lange mit Gesprächen versucht, aber irgendwann habe ich mich nicht mal mehr in meinen eigenen Aussagen wiedergefunden. Ich verbrachte meine Nachmittage dort, wo die Uhr laut tickte und die Wände sonnengelb gestrichen waren und wo tatsächlich ein Sofa stand, als wäre mein Auftreten alleine nicht schon genug Klischee. Die Frau dort hörte zu und fragte nach Menschen, die gingen und kamen.

Sie sagte: Am Ärmsten sind die Einsamen.

Sie sagte: Du wirst so ängstlich enden.

Sie verglich mich mit einem Felsen, mit leeren Spiegeln, mit qualmendem Rauch.

Was sollte ich schon sagen? Ich fehlte mir ja auch.

Jeden Tag musste ich die einfachen Sachen wieder lernen. Aufstehen, wenn der Wecker klingelt, die Vorhänge aufziehen, die Dusche benutzen, das Geschirr abwaschen, mir die Zähne putzen. Wieder Luft kriegen. Nicht jedes Mal lügen. Ich habe früher ganze Nächte lang durchgemacht und plötzlich war ich nicht mal mehr die Tage lang wach.

Die Leute sagten immer, dass es mich stärker machen würde, aber ich wollte nicht stark sein, nicht mehr nur überstehen, nicht mehr alle erträglichen Tage an einer Hand abzählen. Wenn es ginge, hätte ich einen einfacheren Weg zu überleben gewählt.

An Freitagen zwang ich mein kleines Herz dazu, mal wieder an die frische Luft zu gehen, aber es kannte mich zu genau. Selbst wenn ich meine Lippen rot anmalte, schmeckten meine Küsse noch blau. An manchen Tagen musste es ausreichen, wenn die Symptome für Hirntumor nicht zutrafen. Wenn ich einfach noch nicht heute starb.
Die Migräne, das Schlucken und Fettwerden. Alles, um zu heilen. Alles, um gesund zu werden.

Es hätte schönere Arten gegeben, das hier durchzustehen, aber die waren nicht meine. Es gibt vielleicht Menschen, die wären besser darin gewesen, zu überleben, aber von denen kannte ich keine. Menschen, die nicht zwei Wochen brauchen, um sich wieder zum Duschen zu zwingen, die, die es schaffen, unangenehme Dinge einfach hinter sich zu bringen, Menschen, die schädliche Sachen eben bleiben lassen. Die abends immer den kürzesten Weg nach Hause nehmen. Die nicht von einem Ort zum nächsten hetzen, weil die Plätze dazwischen beängstigend sind. Menschen, die immer so reagieren, dass sie ihr Verhalten im Nachhinein rechtfertigen können. Die alle Fehler machen, aber wenigstens nicht denselben wieder und wieder. Die Lieder im Radio zu Ende hören, auch wenn sie damit irgendwas verbinden. Menschen, die an wichtigen Anlässen nicht ohne sich zu verabschieden verschwinden. Die, die immer noch einmal die Kurve kriegen. Menschen, die noch merken, wenn sie lügen. Die, die das vielleicht wirklich hilfreich finden, wenn jemand meint, man sollte sich doch einfach mal zusammenreißen. Bei denen »Ich rauche nur, wenn ich traurig bin« nicht zwei Schachteln am Tag heißt.

Irgendwann werde ich lernen müssen, mit ein paar Wahrheiten zu leben:
Ich habe viele Dinge getan, und die meisten davon waren schlecht.
Ich habe meine Versprechen fast nie gehalten.
Und wenn ich richtig handelte, war das nicht immer echt.
Ich war nicht seltsam, ich war nur selten so einsam.
Erst mal reichte es, wenn ich eine Stunde nach der anderen überstand.
Erst mal war es okay, wenn ich einfach nur lebte, nur einen Fuß langsam vor den anderen setzte.
Wenn ich mich zumindest nicht absichtlich verletzte.
Wenn ich mich nach einem Gespräch nicht selber hasste.
Wenn ich 20 Stunden am Stück im Bett liegen blieb und mir die Haare wachsen ließ.

Irgendwann konnte ich die schlechten Tage einfach kommen lassen. Die schlechten Tage aus dem Abfluss ziehen wie einen Knoten Haare. Die schlechten Tage einatmen wie einen erträglichen Duft. Die schlechten Tage unter den Mantel packen wie einen Schwall heiße Luft. Die schlechten Tage annehmen, auch an dunklen Abenden, an einsamen, an kalten. Das Kinn im Kragen vergraben und die Luft anhalten.

Die Sensibilität sagt: Du hast dich nicht mal wie einen Menschen behandelt. Du bist so hart mit dir umgegangen, dass du dich natürlich verhältst wie ein Kettenhund, der von seinem Besitzer wegrennen möchte. Wenn andere Menschen mit dir umgehen, dann wie mit einem Menschen, den sie lieben, und wenn du mit dir umgehst, dann versuchst du dich zu umgehen, wie einen Stau, wie eine dunkle Straßenecke, als wärst du gleichzeitig der Stein und der Schuh, und jeder Mensch, der dir im Vorbeigehen ein Lächeln schenkt, tut mehr für dich als du. Du wirst so lange nicht zu dir gehören wollen, wie dich andere Leute besser behandeln als du dich selbst, und du tust so, als würdest du dich nicht kennen. Wenn jemand anders dich begehren kann, während du dich nicht mal akzeptierst, dann hast du natürlich Lust, vor dir wegzurennen. Alles, was du mit mir gelernt hast, ist, nicht aufzufallen und niemanden zu stören. Wenn jemand anders dich lobt, während du von dir nur Kritik bekommst, dann willst du natürlich ihm gehören.

Ich kann wieder zu viel von gar nichts essen und zu viel von allem durcheinandertrinken. Ich kenne Buslinien auswendig. Manche schlechten Erinnerungen sind jetzt kaum noch greifbar, unklar und verschwommen. Manche Tage werden sich immer anfühlen wie Brause-auf-der-Zunge-liegen-lassen-bis-die-Tränen-kommen.

Meine Sensibilität und ich, wir sitzen gerade in Südfrankreich. Wir passen auf uns auf. Den meisten ist es egal, ob ich nicht da bin oder früher gehe. Ob ich zu viel oder gar nichts trinke. Es ist egal, ob ich in dieser Nacht mehr oder weniger rauche, ich wusste, dass nicht jedes Nein eine Erklärung braucht.

Ich nehme meine Sensibilität jetzt mit in den Urlaub. Ich passe auf sie auf. Wir arbeiten zusammen, wir sprechen uns ab. Natürlich bin ich noch überfordert, aber ich bin dabei, auf mich aufzupassen und alle guten Ratschläge, die ich anderen gebe, auch auf mich anzuwenden. Die Sensibilität drückt ihre Kippe aus, nie in der Nähe ihres Handgelenkes.

(Teile davon aus »Im Enddefekt«, 2018 im Unsichtbar-Verlag erschienen)

»Sie verglich mich mit einem Felsen, mit leeren Spiegeln, mit qualmendem Rauch. Was sollte ich schon sagen? Ich fehlte mir ja auch.«

Maria Anna Schwarzberg

»Warum soll anders auch gleich falsch sein? Anders, ja, nach gesellschaftlichen Normen, aber falsch? Doch nur nach meinen eigenen. Und die kann ich ändern.«

Wusstest du schon?

- Maria kann gut mit Worten auf Blatt und mit Mikro, nicht so gut auf Video.
- Als Kind wollte sie aber (viel weniger ambitioniert) Astronautin oder Forscherin werden.
- Natur und Bücher (und gutes Essen) sind auch heute noch ihre große Liebe.

Ich bin anders

Ich sitze in Übergangsjacke und Cordhose zwischen bunten Blättern und mit einem Eimer im Sandkasten und schaue zu den anderen Kindern hinüber, die gerade Sandkuchen backen und sich diese gegenseitig verkaufen. Und ich möchte nichts lieber als mitzumachen. Genau genommen möchte ich nichts lieber, als dass sie mich fragen, ob ich mitmachen möchte. Nur glaube ich nicht wirklich daran, dass sie es tun; sie lachen schon wieder, bestimmt über mich. Liegt es an der Cordhose? Nein, es liegt auf jeden Fall an mir. Ich bin ja auch immer die Einzige, die mittags nicht schlafen, dafür aber lesen und zumindest fast ihren Namen schreiben kann. MaRia.

Ich wende traurig den Blick in die andere Richtung und sehe, dass einige Kinder mittlerweile auf der Wippe sind. Ich stehe auf und gehe zu ihnen, dieses Mal, ja, dieses Mal frage ich einfach, ob ich mitmachen kann. »Maria, möchtest du nicht auch mit auf die Wippe? Schau mal, da drüben fehlt noch jemand, damit es auf beiden Seiten aufgeht, ja?«, kommt mir die Kindergärtnerin zuvor und ich setze mich hinter ihre Tochter auf das hintere Ende der Wippe. Anfangs macht es noch Spaß, doch nach kurzer Zeit bekomme ich Kopfschmerzen von dem Geschaukel und dem Gebrülle. Ich springe von der Wippe und das Geschrei verändert sich. Ich drehe mich beim Weggehen um und sehe, dass das Mädchen, das eben noch vor mir gesessen hat, auf dem Boden liegt und weint. Gelähmt vor Schreck weiß ich nicht, was ich tun soll, zu reden traue ich mich nicht. Brauche ich auch nicht, das übernimmt dann kurzerhand die Kindergärtnerin für mich, die mir lautstark vorwirft, dass ich ihre Tochter vorsätzlich von der Wippe gestoßen haben soll, und mich fragt, warum ich denn bitte nicht einmal, nur einmal wie die anderen Kinder spielen kann.

Sie setzt mich auf einen Baumstamm und sagt mir, dass ich dort sitzen bleiben soll, während die anderen reingehen. So sitze ich da also und frage mich, was ich genau falsch gemacht habe, was genau ich hätte anders machen können und warum das Mädchen denn nun auf der Erde lag. Immer wieder spiele ich die Erinnerung im Kopf durch und gerade, als mir auffällt, dass ohne mich das Gewicht wohl zu gering war, sodass sie mit dem Schwung von der Wippe kopfüber von selbiger flog, sehe ich meine Mutter durch das Tor zum Kindergarten kommen. Ein Blick auf mich, dann geht sie in den Gruppenraum. Ich meine zu hören, dass sie schreit, aber sicher bin ich mir nicht, irgendwer schreit hier ja immer rum, und denke mir: Super, dieses Kind mag mich dann wohl auch nicht mehr. Dann kommt meine Mama raus und nimmt mich mit.

»Siehst du das?«, fragt mich meine persönliche Trainerin und redet schon weiter: »Maria, die vier Jahre alt ist, glaubt wirklich, sie glaubt wirklich, dass niemand sie gern hat.« Ich schluchze, eigentlich schon, als ich zehn Meter weiter zurück auf diesem mit meinen persönlichen Erlebnissen bepinnten Zeitstrahl stand und in meinem Kopf wieder 14 war. Da dachte ich auch schon oder eher immer noch, dass ich nicht beliebt, sondern ungeliebt bin.

Ich, Maria, die 28 ist, stehe auf einer Wiese in einem Garten, der nicht meiner ist, neben einem Menschen, den ich kaum kenne und der sich trotzdem ein Herz gefasst hat, mir zu helfen. Eine ganze Woche, so lang wie das Seminar zur persönlichen Weiterentwicklung schon geht, auf dem wir sind, bietet sie mir ihre Hilfe an, um auf der vermaledeiten Suche nach mir selbst meine Vergangenheit mental erkunden zu können. Sie bietet mir diese Hilfe auf diese Art an, dass du nicht Nein sagen kannst, weil du selbst weißt, dass es dir helfen könnte, obwohl du gern Nein sagen würdest, weil du auch weißt, dass bis zu *Es wird besser* erst mal noch der Schmerz kommt, der dich richtig in die Knie zwingt. Ebenjener hat gerade die gefühlt sechste Spitze erreicht, von der ich hoffe, dass sie die höchste ist und dass damit das gute Ende naht.

Losgelaufen bin ich in diesem Garten vor mehr als einer Stunde, in kleinen Schritten auf meinem imaginären Zeitstrahl, der meine Vergangenheit repräsentieren soll. Zugelaufen bin ich auf eine Hecke und einen ziemlich heißen Typen, von dem ich hoffte, dass er ginge, bevor der Kloß in meinem Hals seinen tränenreichen Weg nach oben fände. Er ging, und so nahm dieser Weg, barfuß über noch etwas nasse Erde und saftig grünen Rasen, seinen Anfang. Mein Herz schlägt mir schon den ganzen Tag bis zum Hals, und obwohl ich weiß, dass es das Richtige ist, was ich tue, dass es mich wieder einen Schritt nach vorn und näher zu mir bringen wird auf diesem scheinbar ewig dauernden Weg zu Endlich-wieder-glücklich-Sein, laufe ich zunächst – wie üblich – davon.

Zweieinhalb Jahre liegt mein Burn-out zurück, und während ich am Tag des Zusammenbruchs noch dachte, dass ich nach etwas Schlaf am nächsten Tag wieder fit wäre, und in jeder der folgenden Wochen, dass die darauffolgende die erlösende wäre, in der einfach wieder alles okay wäre, in den Monaten danach dann, dass wenn die Therapie vorbei wäre, ich dann bestimmt wieder hergestellt wäre. Hergestellt war gleichbedeutend mit sorgenfrei und gelassen: vor dem Frühstück schon an der frischen Luft sein, überhaupt frühstücken, genug Zeit zum Kartenschreiben haben, zum Hier-mal-noch-kurz-abbiegen-um-Blumen-zu-kaufen, beim Lieblingsbäcker gekauften Kuchen in der Tasche, Lächeln im Gesicht.

Nur stellte sich dieser Zustand, nach dem ich mich so sehr sehnte, nicht wieder dauerhaft ein. Er kam immer mal kurz vorbei, vielleicht auch länger, aber das Gefühl, mich verloren zu haben, zu oft falsch abgebogen zu sein und in einem Leben zu stecken, das mir wie ein falsches Kleid einfach nicht zu passen schien, das blieb unbeirrt. Und so endete die Therapie und ich war doch nicht gesund. Aber krank, so richtig mit Schüttelfrost und Im-Bett-Bleiben, war ich eben auch nicht. Auch wenn das mein liebster Ort geworden war: mein Bett. Kopfschmerzen hatte ich auch ständig, also wohl doch krank. Nur eben nicht nach medizinischen Standards.

Ich stehe am Schlafzimmerfenster meiner Mutter und sehe nach draußen. Meine Füße sind kalt, meine Nase vom Plattdrücken an der Scheibe auch. Draußen ist es dunkel, nur die Straßenlaternen beleuchten die leeren Straßen und gerade wieder begrünten Bäume. Wie lange ich hier schon stehe, das weiß ich nicht. Aber ich muss weiterzählen, denn wenn ich das nächste Mal 20 Autos gezählt habe, dann wird meine Mama in einem von ihnen gewesen sein, dann wird sie nach Hause kommen. Zwischendurch beobachte ich die Straße und die Hauptstraße, in die sie mündet. Die Ampel, wie sie grün, gelb, rot, gelb, dann wieder grün wird, Menschen, die vorübergehen und Autos die vorbeifahren, und immer dann, wenn eines in unsere Straße biegt, zähle ich weiter. Bei den letzten 20 und auch bei den paar davor war sie nicht dabei, also beginne ich wieder von vorn, denn weiter als 20 kann ich noch nicht so gut zählen und ab da erscheint mir die Zeit auch so lang, dass ich ungeduldig werde. Wieder biegt ein Auto ein, ich erkenne schon an den Scheinwerfern und dem Fahrstil, dass es meine Mama ist, erkenne sie, als sie unter der Straßenlaterne durchfährt, sehe, wie sie auf der Straße rückwärts einparkt, und laufe in mein Zimmer, damit sie, wenn sie in die Wohnung kommt, sieht, dass ich brav geschlafen habe und sie sich keine Sorgen machen muss. Mein Herz schlägt so schnell, als ich ihren Schlüssel im Schloss höre und ihre leisen Schritte im Flur. Noch bevor sie ihre Jacke ausgezogen hat, schaut sie in mein Zimmer, das weiß ich, denn das macht sie immer so. Dann, wenn sie sich versichert hat, dass bei mir alles ruhig ist, geht sie ins Schlafzimmer, nicht wissend, dass ich mir eben noch in genau diesem Raum die immer gleichen Fragen gestellt habe: Warum ist meine Mama nicht da? Wo fährt sie hin? Wieso dauert das so lange? Wann kommt sie wieder? Wer ist so wichtig, dass sie nicht hier bei mir ist, sondern irgendwo anders? Und was kann ich tun, damit sie bleibt?

Als ich die Augen öffne, muss mich die Trainerin nicht fragen, ob ich sehe, dass ich mich nicht genug geliebt fühlte. Ich weiß es, ich kann den Herzschlag von Maria, die nicht älter als sechs sein konnte, immer noch in meiner Brust spüren, wie er schmerzhaft den ganzen Raum bis zum Zwerchfell und dem Schlüsselbein einnimmt, dass es wehtut. Diese Geschichte und die anderen, die ich davor in diesem Garten durchlaufen habe, die, in der ich in der Mittelschule vor Mitschülern aufs Klo geflohen war, die, in der ich auf dem Gymnasium laut und kalt wurde, um alle auf Abstand zu halten, die, in der ich in der Oberstufe mit Perfektion und Selbstaufgabe tatsächlich Freund*innen fand und im Studium schon so weit weg von mir war, dass ich immer mehr und mehr leisten wollte – sie alle haben diesen einen roten Faden, der sich durchzieht: Ich bin nicht genug. Ich reiche nicht aus, dass mich jemand lieben könnte, dass ich liebenswert wäre. Ich allein, ich bin niemals nicht genug, also muss ich höher und weiter und schneller gehen, über meine Grenzen und selbst über die von anderen hinaus, um gesehen und gehört zu werden. Anerkennung ist Liebe – und von der habe ich nicht genug. Genug aber von diesem Körper und diesem Gehirn, das so viel will und braucht, wofür ich keine Zeit habe. Denn ich muss weiterlaufen zum *wenn*, damit ich *dann* glücklich werden kann.

Und das ist der Kern von sich anders fühlen, von falsch sein, von nie so richtig reinpassen, aber auch nicht ganz außen vor sein, von so viel fühlen und denken, nur nie auf den Gedanken kommen, dass das, was ich denke, nicht alle denken, dass das, was ich fühle, nicht alle fühlen. Dass eben nicht jeder Mensch so verdammt sensibel ist, dass er jedes Lachen, jeden menschlichen Fehler, nicht nur die eigenen, gleich alle, jeden vergessenen Anruf, die fehlende Berührung, die nicht geteilte Zeit auf sich bezieht, so wie ich es mir in meinem Kopf schwarz ausmale. Genau aus dieser dunklen Ecke, in der ich die nicht so schönen Gedanken und Erlebnisse sorgfältig gestapelt habe, kommt der kürzere und leichter als diese Geschichten über die Lippen gehende Satz: »Ich bin anders«, von dem ich heute weiß, dass so viel mehr Menschen ihn kennen.

Wahrscheinlich kennt ihn auch dieses andere Kind, das (übrigens unverletzt) von der Wippe gefallen ist, die Kindergärtnerin, die auch nur eine Mutter und in dieser Rolle besorgt und überfordert mit der Situation war, und meine Mama, die als junge und alleinerziehende Frau natürlich auch Zeit für sich und andere Menschen brauchte – und nicht immer nur für mich. Was ich mich aber heute im Gegensatz zu meinem jüngeren Ich, das stets sich selbst als Verursacher von Problemen sah und größere Zusammenhänge noch nicht reflektieren konnte, frage, ist: Warum soll anders auch gleich falsch sein? Anders, ja, nach gesellschaftlichen Normen, aber falsch? Doch nur nach meinen eigenen. Und die kann ich ändern.

Deine Geschichte

Deine Geschichte

Nun, genug von uns. Schön, dich kennenzulernen. Wer bist du und was sind eigentlich deine Pläne fürs Leben, die du dich manchmal vielleicht noch nicht auszusprechen traust? Vielleicht kennst du das ja auch, dass da so eine miese, fiese Stimme kommt und dich erst einmal niedermäht, während du eigentlich in Tagträumen versunken bist. Ja, und wie? Wie soll man diese Träume dann bitte auch in die Realität umsetzen? Kein Problem, Hilfe ist unterwegs. Stand zumindest auf dem Zettel in meinem letzten Glückskeks beim Asiaten.

#1 Der Träumer

Lass und erst mal mit dem Träumen beginnen, um den Rest kümmern wir uns später, versprochen. Denn auch der Planer und der Kritiker in dir dürfen natürlich zu Wort kommen. Auch wenn sie sich manchmal etwas schwierig ausdrücken, haben sie ja eigentlich nur gute Absichten.

Aber jetzt schweigen sie, danach können sie dann ängstlich den Zeigefinger heben und losmotzen.

Stell dir einmal vor, du hast alle Zeit und alles Geld. Sorgen, ach, was war das noch gleich? Ängste? Gibt es nicht. In dieser Vorstellung ist einfach alles nur gut und in ausreichender Menge vorhanden, es fehlt dir an nichts. Wie sieht dann dein Tag aus? Perfekt muss er gar nicht sein, aber vielleicht so, dass alle anderen Tage ähnlich sein könnten und du immer noch glücklich wärst. Wie würdest du aufstehen? Wo? Wer liegt da neben dir und wer nicht? Was machst du nach dem Aufstehen? Warum machst du das? Wohin gehst du dafür? Wo bleibst du? Was lässt dich an diesem Tag schmunzeln, jubeln, tanzen? Was isst du und wo? Wer sitzt neben dir? Mit wem sprichst du an diesem Tag? Schaffst du etwas? Oder bleibst du einfach liegen? Wie fühlst du dich? Und was lässt dich ruhen, rasten und abends lächelnd einschlafen?

Natürlich, es gibt nicht nur solche Tage im Leben, schlechte Phasen gehören zum Wachsen wie Ketchup zu Pommes. Aber weil uns die schlechten schon genug mürbe Gedanken machen (von zehn Gedanken sind nur drei positiv, wusstest du das?), denkst du heute nur an einen solchen schönen Tag, auf den viele solche folgen sollen.

Wenn du magst, findest du auf der folgenden Seite Platz zum Schreiben, Malen, Anstarren, Radieren und Nochmal-neu-Anfangen. Wenn du damit fertig bist, erst dann, lies weiter bei Nummer 2.

#2 Der Planer

Schön ist das mit diesem Traum von deinem Leben. Besser als Wollen ist bekanntlich nur Machen und deswegen darf der Planer in dir, der Kopflastige, der zu viel denkt und überdenkt und noch einmal drüber nachdenkt, nur um sicher zu sein, der, der ein wahrhaftiges Händchen fürs Organisieren und Strukturieren hat, jetzt loslegen. Kein Kopf-in-den-Wolken-Träumerle, aber auch kein kritischer Sturkopf hat jetzt das Wort, nur der mit den ganzen Fragezeichen ist an der Reihe.

Du siehst da ein Leben vor dir, zu dem vielleicht ein paar mehr, vielleicht nicht mehr ganz so viele Schritte fehlen. Fangen wir doch mal ganz rational an und schreiben all die Dinge – Zeit, Finanzen und anderes – auf, die dir dazu fehlen. Kannst du einige Punkte zusammenfassen? Ähneln sich einige Aspekte? Schreibe alle Punkte auf der folgenden leeren Seite, bis dein Bauchgefühl sagt, dass nichts mehr fehlt. Jetzt nimmst du dir Zeit, um dir über mögliche Lösungen Gedanken zu machen. Wie kommst du an das, was fehlt? Kannst du Bestehendes ausbauen? Was kannst du schon? Bestimmt eine ganze Menge. Wie kannst du das positiv nutzen und einbringen? Was musst du noch lernen, besorgen, ändern, neu machen, einreißen, aufbauen? Wie kannst du das machen und wie lange brauchst du dafür? Musst du irgendwohin? Kann dir jemand dabei helfen? Kannst du dich mit anderen zusammentun und den Weg zum Ziel dadurch einfacher und lustiger gestalten?

Wenn du fertig mit dem Planen bist, dann lies gern weiter bei Nummer 3.

#3 Der Kritiker

Ziemlich cooler Plan, den du da ausgetüftelt hast. Aber da klopft ja eigentlich schon von Anfang an ein penetranter Meckerpott an, der jetzt auch mal zu Wort kommen möchte. Und das darf er. Nimm dir am besten gleich einen Stift und schreibe auf, was der Kritiker zu sagen hat. Alles. Dann streichst du alles, was nicht konstruktiv, sondern Bullshit ist. Wenn da wirklich konstruktive und berechtigte Kritik bei ist, die dir weiterhilft, schreib sie auf deine Planungsseite und überlege, wie du die Probleme lösen kannst. In all diesen Problemen, in denen wir so oft denken, vergessen wir nämlich eines: Die Lösungen fallen uns schon ein, wenn wir sie denn brauchen sollten.

Diese Übung, in der du den Träumer, den Planer und den Kritiker voneinander getrennt hast, ist übrigens nach Walt Disney benannt, einem der wohl erfolgreichsten Visionäre. Im Grunde genommen geht es dabei darum, diese drei Stimmen in dir, diese drei Positionen, die auch alle drei wichtig sind – stell dir nur vor, die kritische Stimme würde dich an Abgründen nicht warnen oder der Träumer die Urlaubsplanung machen –, aber wenn sie so durcheinander reden nur noch Verwirrung auslösen, einmal zu trennen. Wenn jeder in seiner Ecke sitzt, lässt es sich ihnen gleich besser zuhören und jeder kann seine Gedanken für sich zu Ende denken, ohne dass ihm schon wieder ein anderer ins Wort fällt. So kannst du dich wirklich einmal jedem Bereich ausführlich widmen, ohne zwischendurch abgelenkt oder von dir selbst ausgebremst zu werden.

#4 Der Dankbare

Eine Sache aber, die kommt mir in dieser Übung zu kurz, und das ist die Dankbarkeit für das, was ist. Du musst nirgendwohin und nichts erreichen, um glücklich zu werden. So blöd sich das immer anhört, aber du bist schon alles. Du bist schon längst jemand, nämlich du, und du bist auch der Einzige, der bestimmt, wer du bist. Du hast allein mit dem morgendlichen Aufwachen schon alles für den Tag erreicht und auch auf dem grüneren Gras gibt es mit der Zeit Flecken, die sich nicht immer ganz rauswaschen lassen. Aber das macht auch gar nichts. Wenn du dein gegenwärtiges Ich, das, mit dem du jeden Tag unterwegs bist oder auch mal nur zu Hause rumliegst, mögen willst, kannst du dein vergangenes nicht ablehnen. All diese Erfahrungen, auch die schlechten, machen dich zu dem Menschen, der du bist. Und vielleicht würdest du heute rückblickend anders handeln, aber das weißt du nur, weil du es mal falsch gemacht hast. Deswegen: Sei nicht so hart mit dir. Du machst das alles schon super.

Denk nur daran, was dich heute schon dankbar macht. Schreib ruhig mal fünf Dinge auf, die dich mit Dankbarkeit erfüllen. Was war es gestern? In der vergangenen Woche? Im vergangenen Monat? Aufschreiben! Alles! Wofür bist du dir dankbar? Welchen Menschen in deinem Leben – und wofür? Was lässt dich jetzt schon schmunzeln und zufrieden einschlafen? Wobei vergisst du die Zeit? Wobei oder wonach fühlst du dich glücklich? Mach die Liste lang und länger, denn sie zeigt nur eins: Du bist schon längst genug. Du bist schon längst glücklich. Manchmal müssen wir uns nur daran erinnern. Und Träume und Pläne zu haben, aber auch Ängste, das macht das Leben aus. Immer schön einen Schritt nach dem anderen, alles kommt zu seiner Zeit.

»And now that you
don’t have to be
perfect,
you can be good.«

— John Steinbeck

Danksagung

Ich bin so von Dankbarkeit erfüllt, dass dieses Buch erschienen ist, dass ich nicht weiß, wen ich zuerst nennen soll und welche Reihenfolge einzuhalten ist. Deshalb stehen alle im Folgenden Genannten auf Platz 1 der Liste derer, denen ich hiermit noch einmal eine imaginäre Umarmung zukommen lasse, wie so eine Verwandte, die die Menschen zu lang drückt, sodass es fast unangenehm wird.

Ich danke den mutigen und ihre Scham über Bord werfenden Autor*innen dieses Buches Anika Landsteiner, Bianca Jankovska, Carina Stöwe, Jan Lenarz, Joana Heinen, Kea von Garnier, Maria Christina Gabriel, Melina Royer, Ninia LaGrande und Sophia Fritz nicht nur für ihren Beitrag zu diesem Buch, sondern auch zum gesellschaftlichen Leben, das ohne sie weniger vielfältig wäre.

Der strukturierten, immer stilsicheren und Bilder aus dem Kopf lesenden Designerin Yvonne Rundio. Der in der Stille das Gewusel ordnenden Lektorin Katharina Pavlustyk. Dem Emotionen einfangenden und unkitschig auf Leinwand bringenden Videograph Wolfgang Wittman für seinen Film zu diesem Buch, der die Finanzierung dieses Werkes öffentlich und greifbar gemacht hat. Der alle charmant bezaubernden Projektassistentin Teresa Theiss, die jede Information, jede Änderung und alle Sonderwünsche mit einem Lächeln und das schon gestern erfragte.

Danke sagen möchte ich auch der Umweltdruckerei für die angenehme Zusammenarbeit und das Ermöglichen eines nachhaltigen Buches, wie ich es mir naiv und unerfahren erträumt hatte, und natürlich Startnext, der Crowdfunding-Plattform, mit der wir die Finanzierung sichtbar machen konnten.

Ich danke jeder und jedem Einzelnen, die/der unsere Crowdfunding-Kampagne finanziell oder in welcher Form auch immer unterstützt hat – ohne euch gäbe es »We are proud to be Sensibelchen« nicht – und auch jeder und jedem Käufer*in dieses Buches, die/der damit diese Botschaft verbreitet und neues Kapital für nachhaltige, soziale und faire Bücher ermöglicht.

Und ich danke mir, für die Idee und fürs »einfach machen, statt nur zu wollen«.

Literaturverzeichnis

Elaine Aron: *The Highly Sensitive Person: How To Thrive When The World Overwhelms You,* Carol Publishing Group, 1996

Georg Parlow: *Zart besaitet: Selbstverständnis, Selbstachtung und Selbsthilfe für hochsensible Menschen,* Festland Verlag, Wien, 2003

Brené Brown: *Daring Greatly: How The Courage To Be Vulnerable Transforms The Way We Live, Love, Parent, And Lead,* Gotham Books, 2012

Joanne K. Rowling: *Harry Potter And The Philosopher's Stone,* Bloomsbury Publishing, London, 1997

Impressum

We are proud to be Sensibelchen, 1. Auflage 2018

Maria Anna Schwarzberg-Thiele
c/o Künstlerkartell
Lübecker Str. 92
39124 Magdeburg

Texte
Anika Landsteiner
Bianca Jankovska
Carina Stöwe
Kea von Garnier
Jan Lenarz
Joana Heinen
Maria Christina Gabriel
Melina Royer
Ninia LaGrande
Sophia Fritz
Maria Anna Schwarzberg

Gestaltung
Yvonne Rundio

Lektorat
Katharina Pavlustyk

Gedruckt in Deutschland.

ISBN: 978-3-9820472-0-1

Auch als:
E-Book: 978-3-9820472-1-8
Hörbuch: 978-3-9820472-2-5

Die Deutsche Nationalbibliothek verzeichnet diese Publikation in der Deutschen Nationalbibliografie; detaillierte bibliografische Angaben sind im Internet über http://dnb.dnb.de abrufbar.